私とスパイの物語

元駐イラン大使・
元国際情報局局長
孫崎 享

ワニブックス

【序章】

スパイについて考える

意外な著名人がスパイの経験

第一次世界大戦、第二次世界大戦を経てきた世界の多くの人にとって、そもそも「戦争」は近い存在でした。

そして、世界を巻き込んだ大戦争が終わっても、1989年まで「冷戦」が続いたのです。戦争には「諜報」が付きまといます。よって「スパイ」は決して遠い存在ではありませんでした。だから、多くのスパイ小説や映画が作られました。

スパイは身近な存在だったのです。

ノーベル賞受賞作家にアレクサンドル・ソルジェニーツィンがいます。格調高い本を書いていますが、彼にも『煉獄のなかで』というスパイ的小説があります。西側社会でよく知られた人の中にも、人生の一時点でスパイとの接点を持った人がいます。

論評「秘密裡にスパイであった6名の有名女性（6 Famous Women Who Were Secretly Spies）」では、ジュリア・チャイルド（料理専門家、作家、テレビ出演者）、マレーネ・ディートリヒ（歌手）、マタ・ハリ（舞踊家）、アリス・マーブル（テニス選手）、オードリー・ヘプバーン（女優）、ジョセフィン・ベーカー（歌手、女優）が列挙されています。

私はジュリア・チャイルドを知りませんでした。でも料理の世界ではとても著名な人物なの

マタ・ハリ（1906 年）

マレーネ・ディートリヒ（1951 年）

ジョセフィン・ベーカー（1940 年）

アリス・マーブル（1939 年）

だそうです。彼女はテレビの料理番組「The French Chef（フランス料理のコック長）」で米国の食生活を変えたと言われています。そのテレビ番組「The French Chef」はピーボディ賞、エミー賞（TV番組への賞、映画のアカデミー賞に相当）を受賞しています。

彼女の著書『Mastering the Art of French Cooking』（初版1961年、日本語訳『フランス料理の芸術をマスターする』）」はamazonで、今も1万円以上の値段（2024年12月時点）

ジュリア・チャイルド（1976年）

で売っていました。

このジュリア・チャイルドは、CIAの前身である戦略諜報局（OSS）の創設者で「アメリカ情報機関の父」と呼ばれるウィリアム・ドノバンの下で働いています。CIAも自身のサイトでジュリア・チャイルドをスパイとして大々的に宣伝していました。**彼女がスパイであったことは公然の事実**なのです。ちなみに彼女は超難関の女子大学、スミス大学の卒業生です。

私が、たまたま訪れたフランス料理店はジュリア・チャイルドの信奉者でした。実は「ジュリア・チャイルドがスパイだった」と言ったら大変驚かれました。そうでしょう。自分たちの尊敬する人がスパイなのですから。

歌手であったマレーネ・ディートリヒの話をしましょう。

私は、世界で一番有名な反戦歌とも言われる『花はどこへ行った』という歌が好きです。

歌の内容は、「ずいぶん時間が経った。全ての花はどこに行ってしまったのか？」との問いかけから、主題が、花から花を摘んだ若い女性に、若い女性から兵隊に、兵隊から墓場に、墓場から再び花にと移り替わります。そして「いつになったら、皆がわかるのだろう。いつになったら皆がわかるのだろう」という言葉で締められます。戦争は絶対にやめようという、思いを込めて盛んに歌われているのです。

この歌は、ピーター・ポール＆マリー、ボブ・ディラン、ジョーン・バエズ等、様々な人に歌われています。

その中でも私にはマレーネ・ディートリヒの歌い方が最も心に染みます。「Marlene Dietrich: Where Have All the Flowers Gone? Live TV, 1963」で検索すると今でもYouTubeで観ることができます。「男の顔は履歴書」という表現がありますが、マレーネ・ディートリヒは女性ですが、彼女の顔を見ると「顔こそ履歴書」とつくづく思います。彼女の歴史が顔に刻まれているようにみえるのです。歌も上手とか下手という表現では足りない。数々の人生の難関を乗り越えてきた人にしか醸し出せない歌声です。

ウィリアム・ドノバン（1945年）

「忠誠心」という言葉を用いるなら、彼女の「忠誠心」はいったい、どこの国にあるのでしょう。１９０１年に生まれ、育ち、結婚し、女優としてスタートしたドイツか。女優として大成した米国か。１９７５年に引退しパリに隠棲し、１９９２年死去したフランスか。各々にあると思います。『花はどこへ行った』を歌う彼女を見ていて、彼女が三重スパイであったと言われても、全く驚きません。それがスパイと呼ばれる人々の中にある魅力かもしれません。

思考の多様性、母国以外の価値観との接触は著名なスパイの特徴でしょう。

リチャード・ディアラヴ

米国CIA長官ウィリアム・コルビーは戦後はローマ勤務、ベトナム戦争時のサイゴンでのCIA支局長を務めました。英国MI6の長官だった（1999年から2004年）リチャード・ディアラヴはナイロビ、プラハ、パリ、ジュネーブ、ワシントンに勤務しています。

CIAのコルビーも、MI6のディアラヴも情報機関の長官として様々な国で、母国以外の価値観と接触し思考の多様性を身に着けたのです。

私はかつて内閣調査室長に「孫崎さん。貴方の発想は日本的ではないよ」と言われました。

「母国で主流を担う価値観を絶対視しない」は、スパイの社会の周辺にいた人間の特性かもしれません。

オードリー・ヘプバーンのスパイ活動

「秘密裡にスパイであった6名の有名女性」リストで意外なのは、もちろん日本では知らない人はいない有名な女優オードリー・ヘプバーンでしょう。

ヘプバーンは、主に1950年代から1960年代にかけてハリウッドで活躍した女優です。その可憐な容姿と抜群の演技力から「永遠の妖精」と呼ばれました。殺人や陰謀の渦巻く「スパイ」の世界の対局に位置する人です。

オードリー・ヘプバーン（1956年）

「ハリウッドの伝説ヘプバーンは第二次世界大戦のレジスタンスのスパイであった（Hollywood legend Audrey Hepburn was a WWII resistance spy」（NYpost.com）とするニューヨークポストの記事を整理してみます。

・ヘプバーンはイギリスのドーバー近郊の高級私立学校で数年過ごしたが、戦争が勃発し、1939年12月、10歳でイギリスを離れてオランダに向かった。

・1940年5月ドイツがオランダに侵攻した。

・1944年の夏、ヘプバーンは内科医ホーフトのもとで志願活動を始めた。ここで**彼女と地下レジスタンスとのつながりが形成された**。ホーフトは反ドイツ抵抗運動の指導者であり、彼が勤務していた病院はその地域の抵抗運動のセンターであった。ヘプバーンの貢献の一つはダンスで、彼女は、抵抗運動への資金集めを目的とした違法な招待制の夜のイベントで演技（ダンス）を始めた。

・新進気鋭のバレリーナは、抵抗運動の新聞「オランジェクラント」も配達した。ヘプバーンは後に「木靴の中に毛糸の靴下を詰めて、自転車に乗って配達しました」と回想した。

・ヘプバーンの家族は、オランダ上空で撃墜されたイギリス人パイロットを家の中で秘密に匿《かくま》った。

・ヘプバーンの息子は「戦争は彼女にとってとても重要だった」「それが彼女を、彼女たらしめた」と語った。

考えてみるとヘプバーンの「妖精」性は脆く崩れる脆弱《ぜいじゃく》性を感じさせません。「永遠」に続く強靭性を持っています。

ヘミングウェイはスパイだったのか？

アーネスト・ヘミングウェイはいわずとしれたアメリカを代表する小説家です。

1899年シカゴに生まれ、代表作は『日はまた昇る』、『武器よさらば』、『誰がために鐘は鳴る』『老人と海』など。名だたる有名な作品が並びます。

1954年にはノーベル文学賞を受賞。1961年、7月2日。自宅で頭部に向けてショットガンを発砲し死

アーネスト・ヘミングウェイ（1950年）

亡しました。発砲時、家には妻しかおらず、彼女は2階の寝室で寝ていました。自殺を遂げた、大作家ヘミングウェイ。そんな彼に対し、近年、大きな人物観を変える研究を投げかけた人間がいます。

CIA職員として10年以上過ごしているニコラス・レイノルズという人物です。

彼はCIAアーキビスト（永久保存価値のある情報を査定、収集、整理、保存、管理する専門職）で、2010年、CIA博物館で戦略諜報局（OSS）に関する展示会を企画しました。CIA内では信頼されていたのでしょう。

ここで彼は、**①ヘミングウェイが実際にOSSのほか、FBI（連邦捜査局）、国務省、ONI（海軍情報局）などの米国機関の仕事に関与していた**ことを示唆する証拠を発見したと同時に、②驚くべき展開として、**ヘミングウェイが1940年末からソ連のKGBの前身、内務人民委員部（NKVD）のためにスパイをしていた可能性がある**という証拠も発見しました。

彼は『作家、船員、兵士、スパイ：アーネスト・ヘミングウェイの秘密の冒険（『Writer, Sailor, Soldier, Spy: Ernest Hemingway's Secret Adventures』）を書きます。

NPR（米国公共ラジオ放送）は2017年3月18日「アーネスト・ヘミングウェイとソ連との関係を年代順に記録する（Chronicling Ernest Hemingway's Relationship With The Soviets）」を放映しました。

ヘミングウェイに関する驚くべき新事実が発見されていますので、下記に紹介します。日本でもヘミングウェイ研究は盛んですが、下記への言及はまだないと思います。

（プロローグ）ニコラス・レイノルズが、アーネスト・ヘミングウェイについて語る。
文学界で最も有名な人生について新たな洞察を見つけるのは難しいと思うかもしれないが、ニコラス・レイノルズの新しい本『作家、船員、兵士、スパイ：アーネスト・ヘミングウェイの秘密の冒険』はまさにそれを実現し、秘密を明らかにしている。CIA博物館の元歴史家であるレイノルズが私たちのスタジオに参加している。

サイモン：私はヘミングウェイ評議会のメンバーです。さて、ヘミングウェイはおそらく最も有名なアメリカの小説家です。そして、『誰がために鐘は鳴る』を書く前から、彼はスペイン内戦を目撃しに行き、ジャーナリストからスパイ分野での参加者になったのですね。

レイノルズ：もちろんです。つまり、スペイン内戦前のヘミングウェイは、ほとんど政治とは無縁でした。彼が独自の政治ブランドを開発し始めるのはスペイン内戦になってからです。それを二言三言で特徴づけるなら、反ファシズム思想でしょう。

サイモン：それで結局、彼はソ連のスパイ組織の一部と接触することになったのですか？

レイノルズ：その通りです。スペインでは、反ファシスト側において、唯一の本格的な支援はソ連からのものでした。ファシスト側、つまり国家主義者側では、ナチス・ドイツとファシスト・イタリアがフランコを支援していました。

サイモン：ソ連人はヘミングウェイに潜在的に何を見たと思いますか？

レイノルズ：この男は強力な宣伝活動家だったということです。この人は権力の殿堂に入り込める男でした。ソ連側はアーネスト（ヘミングウェイ）に何を望んでいるのかは、（彼ら自身も）まだ正確に判断していなかったと思いますが、「十分な可能性を秘めている人物だ」と彼らは述べています。（ソ連の考えは）「彼に私たちと一緒に仕事をすることに同意してもらえるか見てみよう。そうすれば、彼の潜在能力がどのようなものであるかを正確に知ることができる。もしかしたら、世間のニュースを我々に有利な方向に傾けてくれるかもしれない。あるいは我々に協力しそうな人々を紹介するだけかもしれない」（ということだったと思います）。

サイモン：彼らはコードネームを彼に与えることでおだてましたね。

レイノルズ：彼らは彼にアルゴという名前を与えました。これで彼をおだてました。アルゴはギリシヤ神話の船乗りのことで（「アルゴ号」はギリシヤ神話に登場する巨大な冒険船）、彼にとってうれしいコードネームでした。

サイモン：お金のやり取りはありましたか？　情報交換は？

レイノルズ：お金のやり取りはありません。ソ連は「イデオロギー的採用」という言葉を使用しました。それは「ソビエトの政治イデオロギーの一部とその計画」と「ヘミングウェイがやりたいと思っていたこと」の一致を意味しました。それは反ファシスト活動の領域に入ります。ただし、ソ連のファイルには、「重要な政治的情報は何も出てきていない」という一節があります。

サイモン：戦後のアメリカは、マッカーシズムによる共産主義者というレッテルを貼られ

るのではないかという恐怖にとらわれていました。生計の手段を失った作家、監督、俳優、芸術家も大勢います。ヘミングウェイは10年前に、ソ連諜報機関と合意していたことが暴露されるのを恐れていたのでしょうか？

レイノルズ：正確に言わせてください。彼は、「いつか自分が（議会の）委員会の前に呼び出され、以前に自分がしたことを説明しなければならないのではないか」と心配していました。

それは主な友人で米陸軍士官であったバック・ランハム宛ての手紙の中に現れています。彼は手紙の中で、具体的には「私が40年か41年にＮＫＶＤに登録したことが彼らに知られるのではないかと心配しているのだ」のように直接的には書いてはいません。しかし、手紙の中の彼のニュアンスはそれに近いものがあります。

彼は、「あなた（バック・ランハム）が知っているように、**私はソ連のために奇妙な仕事をしてきたが**、そのいずれかが私を委員会の前で、あるいはさらに悪いことに巻き込まれる可能性があるのでは？　ないか」と書いています。

サイモン：ＦＢＩは彼に不利な情報を見つけようとしていましたか？

レイノルズ：ＮＯだと思います。ＦＢＩファイルの内容に基づいて見解を述べます。ヘミングウェイが捜査を受けていたのなら、ファイルには「捜査」という言葉が反映され、何

ジョン・エドガー・フーヴァー（1961 年）

かを訴追することを目的としたものとなります。

彼の死後、彼のファイルには、フーヴァー（FBI長官）自身の手で「ヘミングウェイが共産主義者ではないことを知っている」と書き込まれています（訳は引用者）。


さて、1950年代末から1960年初頭の「赤狩り」の時代に「ヘミングウェイはソ連情報機関の協力者」という情報が出てきたらどうなっていたしょう。「米国最高の小説家」という名声が吹っ飛ぶのはいうまでもありません。

映画『北北西に進路を取れ』から学ぶこと

2023年9月2日、CNNは「今すぐ見るべき15のスパイ映画（15 spy movies to watch right now）と題して次のように報じました。

「ジェームズ・ボンドからジェイソン・ボーンまで、私たちの文化が夢中になっているものがあるとすれば、それはスパイです。スパイ映画は、初期のヒッチコック映画からトム・クルーズが指揮する現代的な解釈に至るまで、長い間映画の一部となってきました」

そして『北北西に進路を取れ』（１９５９）を第一位として紹介し、次いで『シャレード』（１９６３）、『００７　ゴールドフィンガー』（１９６４）、『ミッション：インポッシブル』（１９９６）と紹介しています。

正直言って、今日、現実の世界の問題として、華々しいスパイの時代は終わっているといえるでしょう。プロヒューモ事件（１９６２年、英国のプロヒューモ陸相がソ連のスパイとも親交があったモデル、クリスティーン・キーラーに国家機密を漏らした事件）の如く、美女が対象国の政府や軍の関係者に取り入り、ベッドの上で、重要情報を引き出すといった時代は終わりました。現在では高度に発達した盗聴システムがそれにとって代わっています。

クリスティーン・キーラー（1963 年）

ただ、世界には依然、強力な情報機関があります。彼らは手法を変えながら、世界政治に影響を与えています。狙いを定めた国、その政治家や社会への工作は執拗に続けられています。時には殺害もある。アメリカ支配下の日本でも政治家・官僚・ジャーナリストが排斥され、不審死すら起きているのです。それはこの本でも順次、取り上げていきます。

ヒッチコック監督の『北北西に進路を取れ』はスパイ映画の名作です。

全て本物に似せている。が、人を食ったことに、「主人公自体が本物のスパイではない」という設定でのスパイ映画です。主人公はスパイに擬せられた人物。だが、『北北西に進路を取れ』は舞台設定を克明に、実態に近い形をとって描いています。だから「実録・〇〇スパイ」より、スパイの実像を伝えている印象を与えます。

この映画を見て後日、「そうか」と思い当たりました。次のシーンがあります。

『北北西に進路を取れ』(1959年)ポスター

「(米国)政府の諜報機関の会議室では、「教授」と呼ばれるボスを中心に、予想外の事態への対応を協議している。タウンゼントに成りすました男は、実はヴァンダムという敵(ソ連)のスパイ一味の親玉で、教授たちは彼らヴァンダム一味の中に自分たちの側のスパイを送り込んでいた。キャプランは教授たちが創造した架空のスパイで、ヴァンダムの注意をキャプランに向けさせることで味方のスパイを守ろうという作戦だった。教授たちはスパイ合戦に巻き込まれたソーンヒル

（映画の主人公）に同情しつつも、味方のスパイの安全のため、敢えて何もしないことに決める」

「教授」と呼ばれる人物が政府の諜報機関のボスです。日本ではまず考えられません。だが、**米国では、「教授」が諜報機関を取り仕切るということが、「現実」に存在します**。

この映画のストーリーに入ってきているのは実は自然のことなのです。

『北北西に進路を取れ』（1959 年）の中のシーン

スパイ出身ではない人間が情報機関の要職に就くことはあります。例えばハーバード大学ケネディ・スクール行政学院初代院長のグレアム・アリソンは学者の世界から政策担当国防次官補に。

ジョセフ・ナイも学者の世界から国務副次官、**国家情報会議（NIC）議長**、国防次官補に。エズラ・ヴォーゲルも学者の世界から国家情報会議東アジア・太平洋担当国家情報官になっています。

『歴史の教訓――戦後アメリカ外交分析』の著者アーネスト・メイ教授も学者の世界から情報

グレアム・アリソン（2017 年）

ジョセフ・ナイ（2011 年）

分野で様々な形で政府に関与しています。

私は外交官としてのキャリアの途中に、１９８５年から１９８６年、ハーバード大学の「Center for International Affairs（国際問題研究所）」に在校していました。ここに一年間の「フェローズ・プログラム」というコースがあり、各国から一名の官僚や軍人、総勢約20名を招き、各人には選んだ主題についての一部の論文を提出することだけが義務づけられ、期間中、大学の全ての授業の聴講が許されました。私は、ジョセフ・ナイ、サミュエル・ハンティントン、アーネスト・メイの授業を聴講しました。このコースには特権があって配偶者にも聴講が許されたのです。

私の妻は版画の授業を取りましたが、ここではカンディンスキー等の作品を紹介され、それをヒントに自分で版画を制作するという贅沢な授業でした。

このクラスの中には、私たち夫妻がヨルダンを訪れた時、街を案内してくれた「ゼフラ」（仮名）もいました。彼女はヨルダンのハッサン皇太子の外交顧問でした。「ゼフラ」は私たちがヨルダンを訪れた時、自らボロボロの車を運転して迎えに来てくれたことを覚えています。「ゼ

ハッサン元皇太子（現王子）（2006年）

金大中（1998年）

フラ」はハッサン皇太子から「貴方（ゼフラ）は私の外交顧問なのだから、そんなポンコツ自動車は捨てて新車を買ってくれ」と言われたばかりだと苦笑していた笑顔を忘れていません。

　その他には、帰国後、英国皇太子（現国王）の外交顧問になった英国外交官もいました。ＥＵの職員で、後にＥＵの在ソ連代表部の長になり、ソ連のハニー・トラップに陥ってしまったと新聞を賑やかさせた人物もいました。

　韓国の15代大統領に、金大中《キムデジュン》という人がいます。

　金大中は１９７３年８月東京に滞在中、ホテルグランドパレスで韓国中央情報部（ＫＣＩＡ）工作員に拉致《らち》されました。映画にもなった有名な「金大中事件」です。

　彼は１９８０年にスパイ容疑で死刑判決をうけます。１９８２年無期懲役に減刑され、12月23日に米国への出

国を条件に刑の執行を停止されました。1985年2月8日に亡命先の米国からの帰国を強行し韓国内で軟禁状態に置かれます。金大中はこうした経歴をたどり、後に大統領になるのですが、では米国ではどこにいたのでしょう。彼は一時期、なんと**ハーバード大学の「Center for International Affairs（国際問題研究所）」**にいたのです。

ベニグノ・アキノ

近年、衆人環視の元に起きた世界でも最も有名な暗殺事件の一つに「フィリピンのベニグノ・アキノ暗殺」があります。

1983年8月22日、読売新聞は「比の野党の有力指導者アキノ氏射殺される」「亡命の米から帰国直後」「軍人機外へ連行」「タラップ下、頭に銃弾」の標題のもと、次のように報じました。

「アキノ元上院議員は2日米国亡命生活から帰国したばかりのマニラ空港で射殺された。アキノ氏は、暗殺計画を理由に帰国を延期するようにとの政府勧告を押し切り、台湾を経由し帰国を強行したもので、犯行は軍の厳戒体制の中で行われた。マニラ空港に到着した直後、乗り込んできた軍服姿の男三人に機外につれ出され、タラップ下で銃撃され死亡した」

私もこの到着時の様子をテレビで見ていて、「フィリピンは白昼堂々と暗殺する国家なのか」と驚いたことを記憶しています。

さてそのアキノが米国からフィリピンに帰国する前、米国のどこに所属していたのでしょうか。いろいろなところに所属していたのですが、なんと彼も**ハーバード大学の「Center for International Affairs」**にもいたのです。

こうしてみると、ハーバード大学の国際問題研究所は１９８０年代には単なる学究センターではなかったようです。

南アフリカを見てみます。

南アフリカには白人と黒人を差別する「アパルトヘイト（分離、隔離）」政策がありました。国際社会の非難を受け、１９８９年、大統領に就任したフレデリック・ウィレム・デクラークは撤廃に向け改革を進展させ、１９９４年、ネルソン・マンデラが大統領に就任し、アパルトヘイトが廃止されました。

この時期、我々のプログラムではありませんが、ハーバード大学の国際問題研究所に南アフリカから黒人が相当数来ていました。彼らが「アパルトヘイト」政策の廃止後、南アフリカの

フレデリック・ウィレム・デクラーク（2012年）

ロバート・ボウイ

新政権で中心になったと思います。デクラーク自身もしばらく国際問題研究所にいたように記憶していますが、在籍したかどうかの確信はありません。

私がこの研究所にいた時、研究所に時々老人が現れました。風采のあがらない人物に見えました。

彼は毎年秋になると、研究員を連れてメーン州に紅葉を見にいくことを慣例にしていました。我々夫妻もこれに参加しました。彼は「今は毎年、ヒマラヤでトレッキングするのが趣味です」と述べていました。

この彼というのはロバート・ボウイ（Robert R. Bowie：１９０９～２０１３）。外国から来た研究員は、誰も彼にさしたる関心を払いませんでした。

彼はこのハーバード大学国際問題研究所の創設者です。

私は「おじいちゃんが懐古趣味でやって来て、皆を紅葉鑑賞に連れていくのか」という程度にしか見ていませんでした。

２０１３年11月20日「ニューヨーク・タイムズ」紙は「ロバート・ボウイ、１０４歳、トルーマン、アイゼンハワー、ジョンソン、カーターの顧問、死去」の標題で報じました。

ハーバード大学の外交政策専門家で、冷戦、国家安全保障、世界中の紛争に関する顧問として戦後４つの政権に仕えたロバート・ボウイ氏が11月２日にメリーランド州タウソンで死去した。１０４歳であった。

プリンストン大学とハーバード大学から第二次世界大戦で荒廃したヨーロッパの都市を渡り歩き、ワシントンの権力の殿堂から東西首脳会談に至るまでのキャリアの中で、ボウイ氏は歴史の証人であると同時に、トルーマン大統領、アイゼンハワー大統領、ジョンソン大統領、カーター大統領の下で、歴史の歩みを形作る実践者でもあった。

ガルブレイスが『東方外交政策エスタブリッシュメント』と呼んだもののメンバーであるボウイ氏は、駐ドイツ高等弁務官マクロイの代理（１９５０～１９５１）、ダレス国務長官（１９５３～１９５９）下で国務省企画部長および国務次官補（１９５３～１９５７）、ラスク国務長官の顧問（１９６６～１９６８）、ターナー海軍大将のＣＩＡ長官時の副長官（１９７７～１９７９）であった。

これらのポストは閣僚級ではなかったが、彼は鋭敏で影響力のあるアナリストである。ワシントンにおける政策形成の討議に参加した。ジュネーブ会議で核戦争の可能性のあった時やヨーロッパ、アフリカ、中東、アジアとあらゆる地域で紛争が燃え上がろうとした時、各国首脳との首脳会談に大統領に同行した。

彼の助言は国際主義的で、友人（国）やかつての敵への長期にわたる経済援助、ヨーロッパとアジアにおける強力な軍事同盟、中国に対する柔軟性、軍縮に向けた実際的な措置、そして、緊張しながらも最終的には成功を収めた冷戦政策、つまり侵略を封じ込め、同盟国と通常戦力を利用してモスクワ、中国、その他の潜在的な敵対国の脅威に対抗した政策であった。

ボウイ氏の教授のような風貌――ふちなしメガネ、うねる白髪――は、批評家も称賛者も同様に、国務長官のような上司に率直に反対するときでさえ、その助言が評価される強硬な政策アナリストと呼ばれる人物像を覆い隠していた（訳は引用者）。

どうでしょうか。このすごい経歴。

私は覆い隠していた風貌を超えて、彼の価値を見出せませんでした。単に「人のいいおじいさん」にしか見ていなかったのです。

「人のいいおじいさん」以上のものを感じ取っていれば、どれだけ貴重なことを彼から学べたことでしょう。

ちなみに、今は彼が104歳まで生きたことに注目しています。ハーバード大学は長年長寿の研究をしていますので、彼のヒマラヤ行きもこうした研究を基礎においていたのかもしれません。

1950年代、1960年代、1970年代、1980年代、冷戦の中でスパイは活躍しました。そしてボウイ氏等の「東方（対ソ連）外交政策エスタブリッシュメント」はスパイたちを活用しました。ただその時の基本姿勢は戦いを起こす方向にスパイを使うのではなく、「侵略を封じ込め」、「全面的とまではいかない程度の脅威に対抗した政策」のためです。

ヒッチコック監督は、学者風の人のよさげな老人がCIAを動かしていることを知って、『北北西に進路を取れ』の映画を作ったのです。

私は多くのスパイ小説を読み、スパイ映画を見てきました。これらの多くは「実録」ではありません。**「実録」ではありませんが、「実録」を変形させて作っています。**

例えばジョン・ル・カレの『ナイロビの蜂』では、製薬会社が新製品の開発にアフリカの女性を人体実験に使うことに対して戦う女性が出てきます。この女性はフィクションです。

しかし、ル・カレは**「自力で窮地から救い出せない人を救いだすためには何でもする。（『ナイロビの蜂』の）小説でこの窮地に立たされるのは、臨床試験の実験台にされるアフリカの部族の女性たちだ」**として「何でもする」女性テッサ・クエイルに、**カンボジアの窮状を救うために戦ってきたイヴェット・ピエルパオリ（1938〜1999）をモデルに描いています。**

ジョン・ル・カレ

私はかつて、『小説 外務省――尖閣問題の正体』（現代書館）と『小説 外務省II――陰謀渦巻く中東』（現代書館）を書きました。

それは**「小説・虚構」という形で実態を書くため**です。「実態」として書けば、機密漏洩であるとか、名誉棄損になります。だから「小説・虚構」なのです。

この面白さに気づいたTVディレクターが『小説 外務省』をTVドラマ化しようとしましたが立ち消えになりました。

いずれにせよ、「スパイ小説」の魅力は、隠された部分、それを作者がちらりちらりと見せる、臨場感を持たせることにあります。

つまり、**国際政治の論文よりはスパイ小説の方が実態の理解に役立つ**のです。

私は2009年に『日米同盟の正体』（講談社）を書きました。岡崎久彦氏が「日本でもやっとこのレベルの本がでてきたか」と喜んでくれた本ですが、この本で国際政治の理解を深めるために、「核兵器」「戦略論」「日米関係」「ブッシュ政権の政治」「国際関係理論」「歴史」「帝国論」「グローバリゼーション」「テロリズム」「中東」「極東情勢」「自叙伝」「情報謀略関係」の項目を設け、項目ごとに5冊程度の本を紹介しました。そして最後に「スパイ小説」の項を設けました。国際政治を理解するには、論文等には現れることのない実態が描かれているからです。紹介したのは次の5冊です。

（1）トム・クランシー著『合衆国崩壊』
（2）ジョン・ル・カレ著『寒い国から帰ってきたスパイ』
（3）フレデリック・フォーサイス著『イコン』
（4）ダン・ブラウン著『デセプション・ポイント』
（5）トム・クランシー著『レッド・オクトーバーを追え』

ある国会議員の方と国際政治の理解の仕方について話したことがあります。早稲田大学出身の彼が次のように述べたことが印象的でした。

「私は恩師の山本武彦教授から、『レッド・オクトーバーを追え』と『13デイズ』は、国際政治ゼミで映画を鑑賞するようにと勧められました」

国際政治を理解するならスパイ映画も有用だということでしょう。多くの人々にとってスパイの世界は見えない世界です。

でも、存在します。重要な役割を演じているのです。

もし、この本を読んで読者が面白いと感ずる所があるとすれば、閉ざされたスパイの世界の一部を紹介することにあると思います。

スパイとはいったい、何なのか

「スパイ」の仕事は、相手の国から情報をとること、相手の国を自国に利益になるように誘導することにあります。

外交官も、「相手の国から情報をとること、相手の国を自国に利益になるように誘導すること」を行います。

では、**外交官と「スパイ」（情報機関に属する人物）とはどこが違うのでしょうか。また、情報機関の人間は、外交官とどこが違うと認識しているのでしょうか。**

私はある時、東京にいた英国の情報機関（ＭＩ６）に所属する〝スパイ〟に次の問いをしました。

「スパイの仕事には、相手の国から情報をとること、相手の国を自国に利益になるように誘導することにあると思う。しかしそれだったら、外交官も同じ国益という目的を持って任務に就く。

スパイと外交官はどこが違うのか」

このスパイはじっと考えて次のように答えました。

「確かに目指すものは同じだ。外交官は相手の国内法を守って行動する。一般的に反モラル的行動はしない。**だが我々は反モラル的行動や、相手国の法律にとらわれずに行動する**」

反モラル的行動の典型は「色仕掛け」です。

ショーン・コネリー『007 ロシアより愛をこめて』（1963年）
©Top Foto／アフロ

スパイ映画にはほぼ間違いなく女性スパイが出てきます。人間の弱点を攻めます。

スパイ映画の代表作『007 ロシアより愛をこめて』ではダニエラ・ビアンキ（1960年、ミス・ユニバース・イタリア）が演ずるソ連の情報部員タチアナ・ロマノヴァがでてきます。

冷戦時代、西側の在モスクワ大使館員はソ連諜報機関の標的でした。フランスの駐ソ連大使モーリス・E・ドジャンのケースが著名です。この時には大使夫人にも攻勢がかけられています。後者の工作は失敗したと言われていますが実態はどう

『007 ロシアより愛をこめて』ダニエラ・ビアンキ
©TopFoto／アフロ

だったでしょうか。

　ある英国大使も在ソ連英国大使館で働いていたロシア人女性と関係を持つということもありました（この話は本書の中で重要な位置を占めます）。私が１９６０年代末大使館に勤務した時、素敵な女性が働いていましたが、周りのロシア人に密かに聞くと彼女の夫はＫＧＢでした。危ない、危ない。手出ししたら、どうなるかわかったものではない。


大使が任国で相手国の女性と関係を持ち、相手国情報機関から脅迫をうけることはしばしばあります。それが私の駐イラン大使時代に3件も起こっています。

　１９９９年、私はイランに赴任しました。赴任後すぐに、あるパーティで自称実業家が近づいてきて、「近く自宅でパーティを行いますので、夫妻で来てください」と声をかけてきました。夫婦でそのパーティに出席しました。まず、食事が終わると楽団が来ていて西側の曲を弾き、ダンスが始まりました。私は違和感を持ちました。当時イランは革命後のイスラム政権です。西側の退廃文化を嫌っています。女性はヒジャブで髪を覆うことが義務づけられています。

しかし、**ここに集まっているイランの女性はヒジャブなしで踊ってます**。生バンドの音は外に漏れています。「革命防衛隊（イランの最高指導部に直結する軍事組織）」が来れば、ただではすみません。

私は主人に「近所の人は文句を言いませんか」と問うと「少し鼻薬を効かせてあるので大丈夫」との答えが返ってきました。鼻薬を効かせるには近所だけでは十分ではない。「革命防衛隊」をどうするかです。私はダンスに加わらず、そばの大使たちと雑談をして過ごしました。この自称実業家はその後、私の前には二度と現れませんでした。

ただ、このダンスパーティが契機になったのか、その後、トルコ大使はしばしば大使公邸でダンスパーティを開くようになります。

大使及び大使夫人は通常は年配者です。ある時、スペインから珍しく若い大使が来ました。新婚早々だといいます。

夫人は由緒ある闘牛を生産する牧場の娘だといいます。大使は得意気に、「この家では伝統的に、娘と結婚する時には闘牛の前に立つことが求められるのです。私も結婚の前には闘牛の前に立ちました」と語っていました。夫人は、確かに自分の命を少しだけ賭けてもいいと思うくらいのふくよかな美人でした。

この当時スペインはＥＵの議長国でもありましたし、スペイン大使夫人は若く、パーティではひっぱりだこです。しかしながら、しばらくすると、どのパーティに行ってもスペイン大使夫妻の姿が見えません。聞くと大使がイラン女性と関係を持ち、夫妻は本国に帰ったということです。彼らは二度とイランには戻ってきませんでした。大使はそんな美人の夫人を持ちながらイラン女性の魅力にあがなえなかったのでしょうか。

しばらくすると、トルコ大使夫妻の姿が見えなくなりました。トルコ大使も同じ運命をたどり、大使夫人は離婚訴訟を行ったと噂されました。

エジプト代表の話をしましょう。当時エジプトとイランは外交関係がなく、エジプト代表はあくまで大使格でした。夫人はアレクサンドリアの出身で、透き通るような白い肌の持ち主でした。アレクサンドリアは、ギリシヤのマケドニア王であったアレクサンドロス大王によって、紀元前332年に建設された都市です。プトレマイオス朝の最後の女王で、ガイウス・ユリウス・カエサルやマルクス・アントニウスらとのロマンスで知られるクレオパトラもこういう人であったのではないかと思わせるような美女でした。

絨毯の中からカエサルの前へ現れるクレオパトラ（ジャン＝レオン・ジェローム画、1886 年）

代表（大使格）夫人は敬虔《けいけん》なイスラム教徒です。彼女はイスラム教について様々なことを教えてくれました。「世界の宗教は多くの場合奇跡を持っています。キリスト教の場合はキリストの復活がそうです。イスラム教の場合、奇跡はコーランです。あんな完璧なアラビア語はありません。神の作品としか言いようがありません」

高い知性とクレオパトラ的美を兼ね備えた夫人を持ちながら、エジプト代表もまたイラン女性の虜《とりこ》になってしまいました。ただエジプト代表夫人は静かに対応し、代表は無事任期を終え本国に帰りました。その後外務次官級のポストに就いたという噂がテヘランに広がりました。

スパイたちは「反モラル的行動や、相手国の法律にとらわれずに行動する」ということに悩まないのでしょうか。解決には次の3つがあります。

①　国家、及び組織の価値観は、即、自分の価値観であると思う。

②　敵を憎む、敵は同じ人間ではないと判断する。

③　悪は所詮、皆が行っていることと開き直る。

日本の社会、教育システムは大半の人々を①の範疇《はんちゅう》に育てます。

②も実は国際社会でしばしば見える現象です。

2023年10月、ガザ戦争に関し「朝日新聞」は「イスラエルのガラント国防相は9日、ガザ地区を完全封鎖するとし、**〝動物のような人間〟との戦い**だと述べた」と報じました。

旧約聖書には次の記述があります。

「あなたが行って所有する土地に、あなたの神、主があなたを導き入れ、多くの民、すなわちあなたにまさる数と力を持つ七つの民、ヘト人、ギンガシ人、アモリ人、カナン人、ペリジ人、ヒビ人、エブス人をあなたの前から追い払い、あなたの意のままにあしらわせ、あなたが彼らを撃つ時は、彼らを必ず滅ぼし尽くさねばならない。彼らとの協定を結んではならず、彼らを憐れんではならない」

マデーレン・オルブライト（1997年）

この②の考え方に似た考えは、マデーレン・オルブライト元国務長官についての「ニューズウイーク」の報道（2022年3月23日付「Watch: Madeleine Albright Saying Iraqi Kids' Deaths 'Worth It' Resurfaces」）にも現れています（訳は引用者）。

米国史上初の女性国務長官であるオルブライト氏は、

（TV番組）『60分間』のインタビューで、イラクが1991年の湾岸戦争後に課された制裁によって苦しんだことにつき、スタール特派員と話し合いました。

「**（イラクの）50万人の子どもたちが亡くなった**と聞いています。つまり、広島で亡くなった子どもたちよりも多いということです。制裁にそれだけの価値があるのですか？」とスタール氏は聞いた。オルブライト氏は「それは非常に難しい選択だと思います。しかし、価値を考えれば、**それだけの価値はあると私たちは考えています**」と答えた。

③の「悪は所詮、皆が行っていることと開き直る」という選択もしばしば現れる現象です。レン・デイトンのスパイ小説『優雅な死に場所』に、「世界のいたるところで、人々は悪いと思うことに個人的には反対しながら、どのみちその悪いことをやっているじゃないですか。**どうせ組織の決定が責任をとってくれる**というわけで」という記述があります。

スパイたちとの接点

私は1966年に外務省に入りました。もちろん「スパイ」ではありません。

しかし、結果として、この時期、**「スパイ」と最も接触した日本人**になったかもしれません。

それがこの本を書く動機でもあります。（注：春名幹男氏は日本でのCIA研究の第一人者ですが、彼が1917年日本記者クラブで行った「機密文書に秘められた日米の裏面史を追う」との講演の中で、「私が接触できた現役のCIA高官や工作員は、3、4人しかいない。彼らはジャーナリストとの接触を禁じられているからだ」と記載しています。**一般には、相手が現役の「スパイ」と解った上で、複数の「スパイ」と接触する機会は極めて少ないのです**）。

1966年から一年間、私は英国陸軍学校でロシア語を学びました。学生は総勢13名でした。軍人に意味なくロシア語を教えません。彼らは軍情報部員となるのでしょう。

そしてこの中に、**後にMI6の副長官になる人物がいました。本書では彼のことをZと呼びます。今ではクリスマス・カードで互いの近況を知らせ合うだけですが、知り合って60年以上にもなる関係です。なお、本書ではこの「Zの動向」が重要な縦糸になっているので、彼の存在を頭の片隅に留めておいてください。**

私はソ連、イラク、イランに勤務しました。その地の国情を調べます。西側のスパイたちもその地の国情を調べます。当然、どこかで重なるのです。

外務省では情報に特化した部局（名称は国際情報局等様々に変わる）で事務官、課長、局長を経験しました。この三つの時代いずれも外国の情報担当者、つまり「スパイ」と接することになります。

外務省には、英国に留学し、その時できた友人が後にMI6の長官になり、彼と親交を持ち続けたという人もいます。彼は私よりはるかに長い期間この長官と知り合っています。しかも、スパイの最高峰です。

しかし、**私の場合、様々な時期に、様々な国の、様々なランクの情報機関の人と接点を持ってきました**。外務省でこうした経験を経たのはほとんどないと思います（注：外務省で分析課長と国際情報局長の双方を務めた人に岡崎久彦氏と渋谷治彦氏がいます。渋谷氏は独特の嗅覚、能力を持った人で勉強量も凄く、若き頃、西独の経済担当相に食い込み、スカンジナビア諸国の通貨切り上げを、切り上げ前に外務省に報告しました。現地の大使が何ら予告できない時に、西独経済相からの情報として事前に本省に報告していたのです。通貨の切り上げは国家にとり高度に秘密な行動です。簡単に外国の大使に知らせるようなものではありません。でもスカンジナビア在住の大使は、渋谷情報があるだけに「自分の仕事が緩慢であるという印象を与えて困った」と嘆いたという逸話を有しています）。

何も外務省が意図して私を「スパイ」的に養成したわけではありません。単なる偶然です。

その思い出を、本書で綴ってみたいと思います。

ここで「スパイ」の活動に触れておきたいと思います。

一般的に諜報分野には二系列あります。

一つは、外国の情報をとり工作をする部局。米国ではＣＩＡ（国家情報局）、英国ではＭＩ６。日本にはこれに相当する機関は戦後ほとんどありません。

私は１９８０年代、一人の旧軍関係者と国際情勢について意見交換をしていました。彼とは旧・フェヤーモントホテルで会いました。当初はＧＨＱの要請で外国人向けホテルとしてオープンしたといわれています。この彼は汪兆銘《おうちょうめい》政権（１９４０年から１９４５年にかけて存在した、中華民国の国民政府。日中戦争における日本軍占領地に成立した政権であり、一般に日本の傀儡《かいらい》政権と見做されている）で汪兆銘の秘書役をしていたそうです。彼はＣＩＡ、ＭＩ６的行動をしてきた人物です。

汪兆銘

もう一つは、相手の情報部員の工作を防ぐ部局。米国ではＦＢＩ（連邦捜査局）、英国ではＭＩ５です。日本では警察庁公安関係、公安調査庁、防衛省の情報保全隊（Counter-Intelligence）等がこの任務に就いています。日本で「スパイの部門」で働いたことがあるという人のほとんどはこのグループの人たちです。

さらに、**日本では「外国の情報機関に使われる人々」のことも「スパイ」と呼びます**。ただ、本書では、そうした人々のことはあまり扱いません。彼らは惨めな存在です。

本書における「スパイ」は「自らが外国の情報をとり、工作をする人たち」です。使われた人、スパイにさせられた人たちの話ではありません。

私にとってのスパイ小説の意味

(1)「小説の事件はともかく、背景の大部分は正確な事実にのっとっている」

通常スパイ小説には「恋愛」「殺人」「謀略・罠」が欠かせません。

筆者によって三つのウエイトは異なります。スパイ小説ファンも好みにより作家を選びます。「007」シリーズは通常この三要素を入れ込んでいます。

ジョン・F・ケネディ元大統領が「007」特に『ロシアから愛をこめて』が好きと述べています。

あらすじは次の通りです。

「ソビエト連邦情報機関の最高幹部会議は、西側の情報機関に打撃を与えるため、スメルシュ（ロシア語：СМЕРШ、1943年設立されたスターリン直属の防諜部隊。名の由来は『ス

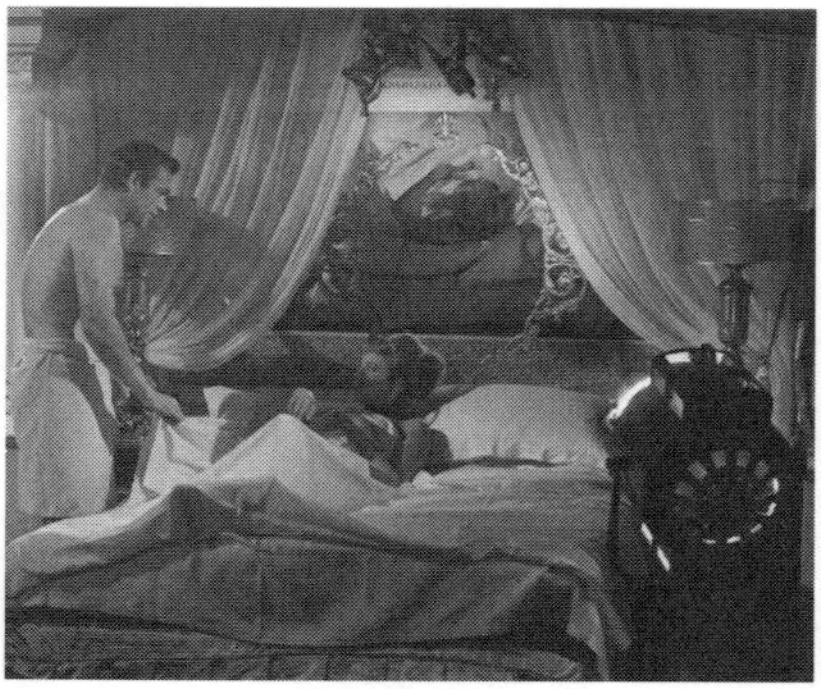

ボンドとタチアナのベッドシーン『007 ロシアより愛をこめて』（1963年）＜撮影中＞ ©ArenaPAL／アフロ

ジョン・F・ケネディ（1963年）

パイに死を』Смерть шпионам を意味するロシア語の略称）の手によってイギリス秘密情報部の情報部員ジェームズ・ボンドをはずかしめて殺すことに決定した。チェスのモスクワ選手権タイトル保持者でスメルシュ企画課長のクロンスティーンが立てた計画に基づき、第2課長ローザ・クレッブ大佐は、タチアナ・ロマノヴァ伍長を囮《おとり》に仕立てた。ボンドに夢中になったソ連職員タチアナが、暗号解読器「スペクター」を手土産に亡命を望んでいるという連絡が入り、ボンドはイスタンブルへ派遣された。首尾よくタチアナと解読器を確保したボンドは、夫婦を装いオリエント急行に乗り込んで国外脱出を図るが、そこにはスメルシュの放った刺客グラントが待っていた」

ここでは、ボンドとタチアナの愛の展開が早い。先ず出会いが「一枚だけかけたシーツの下に、長い体がある」、「女は首のまわりの黒いリボンと膝の上までおろした黒い絹の靴下の他には、何もつけていない」状況で現れ、若干の会話の後に「タチアナの一方の手が出てきて、ボンドの首を抱えて激しく引き寄せる。最初はボンドの唇の下で震えていたが、やがて情熱が燃え上がったように、その口は果てしない接吻を与えた」というのは、時間のないケネディ大統領にとっては理想的な愛の進行だったのでないでしょうか。

私は違った形で、このスパイ小説を読んできました。『ロシアから愛をこめて』に次の序文があります。

この小説の事件はともかく、背景の大部分は正確な事実にのっとっている。

スメルシュは今日も実在しているし、ソ連政府で最も秘密にされている部だ。

この本が書かれた1956年はじめ、本国ならびに海外におけるスメルシュの勢力は四万人ほどで、グルボザボイスチコフ将軍が長になっている。この将軍の人相その他についての私の描写は正確だ。

現在スメルシュの本部はモスクワのシレテンカ通り一三番

スメルシュの身分証

グレアム・グリーン（1975年）

地にある。会議室の様子も事実に忠実に描写したし、そのテーブルを囲んだ各情報機関の長たちも、この物語の場合と同じような目的で、ちょくちょくその部屋に召集される実在の官僚たちである。

ちなみにこの本に出てくる会議への出席者はスメルシュ長官、陸軍参謀本部（情報課課長）、外務省情報部（部長）、保安省情報部（部長）である。

在ソ連大使館に二度勤務した私にはこうした情報は不可欠ですが、**学術論文を読んでも出てきません。**

いま一人スパイ小説の大家グレアム・グリーンの言葉を見てみます。

「いかなる**情報機関の実態に基づく小説も、必然的にかなり多くの空想の要素を含まざるをえない。現実に即して描写すれば、ほぼ間違いなく公職厳守秘密法のいくつかの条項を犯す**ことになるからだ。アンクル・リーマス作戦は、作者の純粋な想像の産物である。作中の人物も全て架空のものである。それでもなお、やはりファンタジーを扱った聡明な作家、**アンデルセンのことばを借りるなら、我々の空想の物語は現実の中から生み出される**」

（『ヒューマン・ファクター』より）

さらに『007 ロシアから愛をこめて』の記述を見てみます。外務省情報部長が各国の情報機関の説明をしています。

課報機関というものは金のかかるもので、**小国にはいい情報を手に入れる総合的な配慮というものはできません**。文書偽造部門、無線通信網、記録部門、さらに出先からの報告を比較検討評価する消化器官にあたる組織を持つだけの余裕がないのです。ノルウェー、オランダ、ベルギー、いやポルトガルのような小国でさえ、**単独で活躍している**優れたスパイがいます。(略)**ところがそういう国は価値に気づかないし、活用もしていません**。(略)あそこの情報機関(イギリスの情報機関)は優秀です。(略)陸軍情報局第五課というのが、教育のある頭のいい連中を集めています。(略)

アメリカは敵の中でも最大で、しかも一番豊富な施設を持っています。無線電信、武器、装備と言ったような技術面では彼らが一番優秀でしょう。しかしこの仕事に対する理解がまるでありません。

この小説ではロシア人の評価として出てきますが、1990年くらいまで、英国情報関係者が行っていた評価であったと思います。ある英国の情報関係者が「東南アジアのある国ではCIAは2万人の人を動かせる。我々は500名程度だ。だが我々は中核を動かせる」と述べていたことがあります。

2024年7月、私は来日したロシアの学者に会いました。彼は面白いことを言ったのです。「経済で繁栄した国はいつかは衰退します。そして多くの場合衰退の後、世界に彼らの痕跡は残りません。例えば日本。衰退の後、日本の繁栄を世界のどこで見ることができますか。一方、英国はどうでしょうか。経済は衰退しました。1960年代には日本に抜かれています。それから60年経っています。でも世界のあちこちに彼らの痕跡が生きています。そして今も、彼らの情報分野の活動は世界のトップに伍しています」

(2)「007」の著者、イアン・フレミングは何者か

1939年、イアン・フレミングはイギリス海軍情報部長ジョン・ヘンリー・ゴッドフリー少将に個人秘書として採用されました。ゴッドフリーは秘密情報局、政治戦争執行部、特殊作戦執行部、統合情報委員会、首相スタッフなど戦時政府の他の部門との連絡役としてフレミングを頻繁に利用します。

でのセリフです。

イアン・フレミング　（1963年）
©TopFoto／アフロ

ゴッドフリー少将 ©Alamy／アフロ

フレミングはまた、ロンドンとワシントン間の情報協力に関するフランクリン・ルーズベルト大統領の特別代表であるドノバン大佐とも協力します。

1941年5月、フレミングはゴッドフリーに同行して渡米し、**情報調整官局（OCI）の青写真作成を手伝います。**情報調整官局は戦略情報局（OSS）となり、OSSは最終的にはCIAとなります。フレミングは1952年英国海軍志願兵予備役少佐で退役します。

フレミングは英国情報機関の中核にいました。だから多くの情報を有し、「背景の大部分は正確な事実にのっとっている」と断言できます。

逆に言えば、**フレミングの作品は巧妙に、政治的プロパガンダを読者の気づかぬうちに埋め込んでいる**可能性があります。改めて、彼の作品『ロシアから愛をこめて』

ソビエト社会主義共和国連邦内では、殺人ということが非常に数多く行われてきたが、それは、世界中でもっとも残忍な連中が含まれているとはいえ、一般にロシア人が残忍だからというのではなく、それが政治的な手段だったからなのである。**国家にさからう行動をしたものは国家の敵であり、国家には敵をいれる余地がない。**国家にはあまりに事が多いのでそんな敵どもに貴重な時間をさけたかったから、**あまりうるさければ、殺してしまう**のだった。人口が二億もあるのだから、年に何千と殺しても、べつに惜しくはないだろう。二度の大粛清のときのように、一年間に百万からの人間が殺される羽目になっても、やはり大した痛手ではない。

アンナ・ポリトコフスカヤ（2005 年）

さて、**現実の世界の話**をします。

２００６年10月、ロシア人女性のジャーナリスト、アンナ・ポリトコフスカヤ（１９５８年生まれ）が自宅アパートのエレベーター内で射殺され遺体となっているのが発見されました。

ポリトコフスカヤは「ノーヴァヤ・ガゼータ」紙の評論員。同紙はミハイル・ゴルバチョフ元大統領がノーベ

ウィリアム・E. コルビー（1975年）

ル平和賞の賞金を基に1993年に創設した新聞社です。彼女はチェチェン共和国での取材を行い、政府批判をしていました。国内、国外からの評価が高く、「世界人権報道賞（2001年）」等を受賞しました。

しかし、**賞は身を守ってくれるわけではありません。**

彼女は**「あまりうるさければ、殺してしまう」の範疇に入ってしまった**のでしょう。

私は、後にCIA長官になったコルビーの言葉を思い出します。

コルビーは終生敵が多かったのですが、彼の家の扉は簡単な鍵しかついていなかったそうです。「何故鉄壁の防御をしないのですか」と問われて、**「敵が殺すことを決めたら防ぐ方法はない」**と答えたそうです。

スパイと「プロフェッショナルファウル」

あるスパイ小説を読んでいた時、「プロフェッショナルファウル」という言葉が出てきました。

「道義的に許されないことではあるが、主義のために、ちょっとした悪事は許される」という意味合いで使用していました。

「ケンブリッジ辞書」を見ると「サッカーにおいて、意図的なファウル（=ルールに違反する行為）、特に相手チームのゴールを阻止することを目的としたファウル」とあります。ファウルにも単なる「ファウル」か「イエローカード」か「レッドカード」かで許容範囲が異なるし、近年は「プロフェッショナルファウル」がどんどん悪質化して、相手選手の怪我を意図するものもあります。

そして、**国際社会では「プロフェッショナルファウル」は許されているのです**。

冷戦時代の米ソスパイ合戦にはある種の暗黙のルールがあったように思います。

また、現在進行中のウクライナ戦争の動きを見ても、戦い方に双方が守るルールがあるように思います。

しかしながら中東諸国対西側諸国の戦いになると、このルール的なものを超えての行動があるような気がします。

ウクライナ戦争の最中、CIA長官は敵地であるモスクワを訪れています。

では、彼は同じように敵地であるはずの、テヘランを訪れているでしょうか？

ガザを訪れているでしょうか？

そこには行ってはいないのです。

【序章】

スパイについて考える

【第一章】

英国陸軍学校とロンドン大学スラブ語、スラブ研究学部 1965〜1968年

【第二章】

モスクワ大学時代 1968〜1969年

【第三章】モスクワ大使館時代 1969～1971年

【第四章】調査企画部分析課 1971〜1974年

【第五章】ロンドンに勤務 1976〜1978年

【第八章】在イラク大使館勤務 1986～1989年

【第九章】在カナダ大使館勤務時代 1989〜1991年と国際情報局長時代 1997〜1999年

【第十章】駐イラン大使時代 1999〜2001年

【第十二章】防衛大学校教授、退官　2002年以降〜現在

※敬称につきましては、一部省略いたしました。
役職は当時のものです。
※写真にクレジットがないものは、パブリックドメインです。
※写真の撮影年がわかるものは(〇〇〇〇年)と記載しています。

装丁・本文デザイン　志村佳彦（ユニルデザインワーク）

【第一章】

英国陸軍学校と
ロンドン大学スラブ語、
スラブ研究学部

1965〜1968年

英国陸軍学校入学の経緯

外務省に入る前は、当然、外交官という仕事の相手は、各国の外交官だと思っておりました。しかし、今、振り返ってみると、**実に多くの相手がスパイだった**のです。

私は1966年、外務省に入りロシア語の研修を命じられ、同年9月、ロンドンとオックスフォードの中間点にある陸軍学校に入りました。寝る部屋は第二次世界大戦中にドイツ将校の捕虜を置いた場所です。

ロシア語のクラスは13名。学生は軍人と、英国外務省からの2名と、私です。英国外務省からの1名はジョン・カーで、後に英国の外務事務次官、駐EU大使、駐米大使と英国外務省の頂点を極めた人物です。

英国軍人の多くは内示を受けてからロシア語を勉強してきていました。最終試験に合格すると、試験成績に応じた報奨金がでるのです。当然勉強には気合が入ります。ゼロからスタートするのは私とジョン・カーともう一人、英国外務省からきたZ（前述した、後のMI6副長官）と軍人Aの4人でした。

当時このロシア語のコースは会話を初級・中級・上級に分け、我々4人は初級でビリを争うことになります。英国外務省のZは学校の近くに住居を構えたのですが、子どもがすでに二人いて、家庭サービスもあって、ロシア語を学ぶ時間があまりありません。彼が早々にビリになってくれました。でもZは優しい男で、寮にいる私を近くのパブや、邸宅巡りに連れて行ってくれました。

そんなふうにロシア語研修が始まったわけですが、クラスのほとんどが軍人です。

考えてみると、軍人が何故ロシア語を学ぶのでしょうか。

ソ連事情を知るため、**場合によってはスパイになるため**です。

そんな軍人たちとは、陸軍学校を出た後一度もあったことはありません。ただ、プリンス・マイケル・オブ・ケントだけは例外でした。

プリンス・マイケルとロマノフ朝のつながり

プリンス・マイケルは英国社会では地位の高い階級に所属しています。陸軍学校にいた時には、彼はなんと一桁台の英国王継承権を持っていました（注：継承権上位の人の子ども・孫ができ、継承権順位は下がっていきました）。

彼の経歴を紹介します。

プリンス・マイケル・オブ・ケントは、1942年生まれ。父親のケント公ジョージ王子は

若き日のプリンス・マイケル・オブ・ケント

マリナ王女（1920年）

ジョージ5世の四男、**母親のマリナ王女**はギリシャのニコラス王子と**ロシアのヘレン・ウラジミロヴナ大公妃の娘**です。**エリザベス女王のいとこ**にあたり、エリザベス女王の結婚式ではページボーイ（案内係）を務めました。ゴッドファーザー（名付け親）の一人にはフランクリン・ルーズベルト大統領がいます。

プリンス・マイケルはイートン・カレッジで教育を受け、サンドハースト王立陸軍士官学校に入学。卒業後はドイツ、香港、キプロスで勤務しました。その後の20年にわたる軍歴の中での任務には、**国防情報スタッフ**への任命も含まれています。英国海軍予備役の名誉中将でもあります。

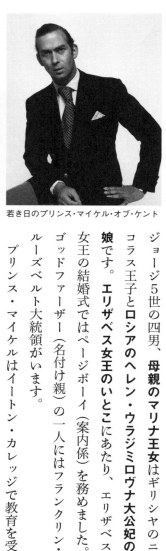

彼は、その伝統的なハイカルチャーへの深い造詣と、颯爽《さっそう》とした立ち居振る舞いから、英国王室を代表する格式高いブリティッシュスタイルを体現する英国紳士として知られています。

また、ひと言加えるとすれば大変なスピード狂です。自動車はもとより、ボブスレーの選手

ミッレミリアでアストンマーティン・DBR2 を運転するマイケル王子（1987 年）

ニコライ1世　皇帝一家（1913 年）

として札幌五輪に来日しています。私が週末ロンドンに出る時、彼のスポーツカーに乗せてもらったことがありますが、高速道路をビュンビュン飛ばしていました。

さて、私たちのロシア語クラスは上級・中級・初級に分かれていると述べましたが、プリンス・マイケルの成績は断トツでした。

プリンス・マイケルがロシア語で断トツだったのは彼の血縁とも関係しているのでしょう。

彼はロシアのロマノフ王朝と血縁関係にあります。

ロシア最後の皇帝はニコライ2世です。1918年7月17日、元皇帝一家7人（ニコライ2世、アレクサンドラ元皇后、オリガ元皇女、タチアナ元皇女、マリア元皇女、アナスタシア元皇女、アレクセイ元皇太子）はウラル地方のエカテリンブルクで銃殺されました。これにより、元皇帝夫妻ニコライ2世とアレクサンドラの血筋は途絶えます。その他のロマノフ王朝の関係者はスターリンに粛清されたでしょう。そうした中でプリンス・

プリンス・マイケル・オブ・ケント(2014年)

マイケルは今日血縁的にロマノフ王朝と最も近い人物です。かつこれに加えて王室育ちの環境もあります。

フォーサイス著『イコン』の中に「ロマノフ王朝が復興したとして、皇帝に最もふさわしいのは英国のプリンスだ」と記述されていたと記憶しています。「英国のプリンス」とはプリンス・マイケルを示唆しています。ソ連崩壊後ロシアでロマノフ王朝追悼の式典がありましたが、英国王室を代表して出席したのは、プリンス・マイケルです。

ケント公とフリーメイソンとナチス高官の飛行機事故

プリンス・マイケルの父はケント公（ジョージ）ですが、彼は１９３９年には、**フリーメイソンのイングランド・連合グランドロッジのグランドマスター**となり、亡くなるまでその地位にいました。１９３９年７月19日には、同じくフリーメイソンリーである兄ジョージ６世と共に世界からメイソン１万４０００人を集めての集会「イギリス・グランドロッジ連合」の開催を実現しています。ちなみに、**ケント公（ジョージ）の死後、１９６７年からプリンス・マイ**

プリンス・マイケル・ケントの父ケント公とケント公夫人のマリナ王女（1934年）

ケルの兄にあたるケント公（エドワード）がグランドロッジのグランドマスターに就任しています。兄のケント公（エドワード）はテニスのウインブルドン杯を与える人物です。

父のケント公は、第二次世界大戦が始まると空軍に在籍していました。

1942年8月25日、アメリカ軍が駐留するアイスランドへ向かう途中、自ら操縦する飛行艇が、スコットランド北部で墜落、薨去《こうきょ》。**この時の任務の内容や死因については、未だに謎が多いとされています。**

2021年7月10日、英国紙「デイリー・メール」は次のように書いています（訳は引用者）。

> **ケント公の死は第二次世界大戦で最も話題になったイギリス人の死であり、**必然的に、長年にわたって無数の陰謀論を生み出してきた。
> 飛行機が墜落したとき、公爵は操縦席にいたのか？ 彼は酔っていたか？ 飛行機ははぐれたドイツ戦闘機によって撃墜されたのか、それともさらに悪いことに、霧の中でドイツ空軍の爆撃機と間違えて我が国の戦闘機が撃墜したのか？ **彼はナチス・ドイツに同情**

的であると認識されたため、英国諜報機関によって排除されたのか？　それとも**彼はナチス最高司令部との和平を仲介するためにスウェーデンへの極秘任務に就いていたのか？**

真実が何であれ、**１９４２年の夏、戦運は決定的に英国に不利となり**、軍事的損失と勝利の連続がすぐに再びニュースを独占した。ジョージ王子は忘れ去られた。

仮に、ケント公（ジョージ）がドイツとの和平を望んだ可能性があるとすれば、同時にそれはドイツ側にも起こっている現象でした。

ナチス・ドイツの最高幹部であるルドルフ・ヘスのイギリスへの単独飛行事件です。

ルドルフ・ヘスは、正式名、国家社会主義ドイツ労働者党副総統（いわゆるナチス）、党内初の親衛隊名誉指導者です。

ルドルフ・ヘス（1935 年）

その彼の運転した飛行機が1941年5月10日、スコットランドのグラスゴー郊外の農場に不時着しました。**彼が何故スコットランドに飛来したか**は今日でも論争の対象になっています。

スミソニアン博物館はアメリカを代表する科学、産業、技術、芸術、自然史の博物館群・教育研究機関複合

ヘスの搭乗した飛行機 Bf110 の残骸（1941 年）

アドルフ・ヒトラー

体です。この博物館の公式サイト「Smithsonian（スミソニアン）」が、2016年10月に「ナチスの指導者ルドルフ・ヘスが第二次世界大戦の最中に何故スコットランドに飛んだのかを知る日は来るだろうか？（Will We Ever Know Why Nazi Leader Rudolf Hess Flew to Scotland in the Middle of World War II?)」という記事を掲載しています。主要論点を見てみましょう。

・1941年5月10日の夜、スコットランドの農民が畑で炎上するドイツの飛行機と、落下傘兵を発見した。彼はルドルフ・ヘスであった。ヘスは副総統として、ナチス政権の後継者序列において、ゲーリングに次ぐ位置にあった。

・ヒトラーのソ連侵攻数週間前に、ヘスがスコットランドの地に姿を現したことは、戦争の最も不可解な出来事の一つであった。

・ヘスは、チャーチルとは異なり、ヒトラーの条件でナチスと和平を結ぶことに前向きな英国の高位人物の一人と接触したいと考えていた。ヘスは、第14代ハミルトン公爵ダグラス・ハミルトン（スコットランドの貴族。１９３６年ベルリンオリンピックにドイツ側招待で視察。この時ヒトラーとも会っている）がドイツと友好したい一派を率いていると信じていた。しかし、ヘスの誤解であった。ハミルトンはイギリス空軍基地の指揮を執り、ドイツとの戦いに献身的に取り組んでいた。

ダグラス・ハミルトン（1933年）
©AP／アフロ

・ハミルトンとの面会が認められたが、ヘスの嘆願は聞き入れられず、投獄される。
・ヘスは戦時中、英国の手に委ねられ、ロンドン塔や軍病院等、様々な場所に監禁された。
・ヘスは１９４５年10月、戦後裁判のためニュルンベルクに移送され終身刑を宣告された。**１９８７年８月に93歳のヘスが庭の建物でランプのコードで首を吊っている**のが発見された。
・ヘスの副官ピンチュは飛行の翌朝、ヒトラーにヘスからの説明の手紙を手渡している。ウールはロシア連邦公文書館でその会見についてピンチュの記述を記した報告書を発見した。ピンチュは、この逃亡は**「イギリス側との事前の取り決めによって」**行われたと書き、ヘスには「ロシアに対するドイツとイギリスの軍事同盟ではないにしても、少なくともイギリスの無力化を達成するためにあらゆる手段を用いる」任務があったと付け加えた。この解釈は、「英国諜報機関がヘスと接触し、彼を騙して飛行機に乗せた」というスターリン自身によるソ連の主張と一致している。

・**2004年に機密解除されたMI5のファイル**は、ヘスが1940年に顧問のアルブレヒト・ハウスホーファーにハミルトンに宛てた手紙を書かせたことを示唆しており、中立地帯での会合が秘密の和平交渉を前進させる可能性があることを示唆している。英国諜報機関はその手紙を傍受し、ナチスの和平推進陰謀に加担していたかどうかハミルトンを捜査（結果は無罪）し、ダブル・クロス（ドイツ側スパイとみられるものを取り込み利用する）の可能性を真剣に検討した。

ニュルンベルク監獄でのヘス
（1945年11月24日）

・ウィンストン・チャーチルは『大同盟』の中で、彼（ヘス）の運命に少なくともある程度の苦痛を感じていると主張した。

・ヘスは監禁中、「食事に毒が入っているのではないか」と度々疑っていた。信じられないことに、彼が今後の分析のためにニュルンベルクで包装して密封した食品のパケットを作っており、それはメリーランド州の地下室に70年間眠っていた。

毒殺されないかと何十年の細心の注意を払ってきた人間が93歳になって、首を吊って死ぬでしょうか。

MI5は関係書類を全て開示しないのは何故でしょうか。

事件発足以降75年も経過して、米国の最高研究機関の一つ「Smithsonian（スミソニアン）」が「陰謀論」と言われる可能性のある記事を掲載する力はどこから出てくるのでしょうか。

ふと、**カズオ・イシグロの『日の名残り』**（1989年刊行）を思い出しました。

『日の名残り』は貴族に仕えた執事の話です。館では深刻なスタッフ不足を抱えていました。

カズオ・イシグロ

主人公はかつて館で共に働いた家政婦に戻ってきてもらおうと旅に出かけ、往時を回想します。

主人公が仕えていた貴族は、ヨーロッパが再び第一次世界大戦のような惨禍を見ることがないように、戦後ヴェルサイユ条約の過酷な条件で経済的に混乱したドイツを救おうと、ドイツ政府とフランス政府・イギリス政府を宥和《ゆうわ》させるべく奔走します。この館で、秘密裡に国際的な会合が繰り返されました。

私が特に印象に残っているのは、**米国外交官**が貴族に対し、「素人が口出しするな」と叱責する場面です。米国はこの時代すでに欧州政治の主導権を握っていたことに驚きます。イシグロ氏は『日の名残り』を書く時にケント公の事故死やヘスの動向などをどの程度、知っていたのでしょうか。私は「イシグロ氏は相当知っていた」という気がします。

ル・カレ著『寒い国から帰ってきたスパイ』（1963年）

1967年から1968年、私はロンドン大学スラブ語スラブ研究学部に入りました。学部の教授の多くはロシアか、ソ連に併合された地域からの学者でした。私は「ソ連についての評価は現地で見るまでは白紙でいたい」という気持ちがありました。偏向した見方（反ソ連）にだけ接するのは嫌だったのです。

それでアパートで、一人でチェーホフやトルストイやロシアの詩を読んでいました。自宅でロシア語文献を読むことに専念することで、「自分で何を学ぶかは自分で決める」のスタイルがだんだん確立してきました。トルストイは比較的平易なロシア語で表現します。辞書を引き引き『戦争と平和』を読みました。

この頃から簡単に読める詩を読み始めました。24歳です。日本の多くの人がとっくに文学にサヨナラしている中で、私は文学の世界に入っていきます。

では、ここでひとつ、本書のテーマでもあるスパイ小説を紹介させてください。

私は**ル・カレ著『寒い国から帰ってきたスパイ（The Spy Who Came in from the Cold）』はスパイ小説の最高傑作**だと思っています。

この本は1963年度のゴールド・ダガー賞（英国推理作家協会選出で最優秀作品に与えられる賞）、1965年にはアメリカ犯罪作家クラブからエドガー賞を受賞します。

それだけではありません。犯罪作家協会（CWA）は2005年、50周年を記念して、過去に**年間最優秀賞ゴールド・ダガーを得た作品から一点を選出し、「最高の中の最高」として「ダガー中のダガー（The Dagger of Daggers）を決めました**。それに選ばれたのが『寒い国から帰ってきたスパイ』です。

つまり、**『寒い国から帰ってきたスパイ』は「スパイ小説」として秀でているだけでなく、推理小説としても最高の完成度を持つ作品**なのです。

逆に言うと、単純な小説ではなく、相当読み込まないと小説の本筋が見えてきません。アガサ・クリスティにしても「そうだったのか」と思うのは最後の部分にきてからです。『寒い国から帰ってきたスパイ』はもっと複雑にした作品と言えるでしょう。

ル・カレの経歴を見てみましょう。

ル・カレはスイスのベルン大学とオックスフォード大学で学び、イートン校で2年間教鞭を執りました。1956年にMI5の職員となり、1960年にはMI6へ転属。西ドイツ（在ボン大使館、在ハンブルク領事館）で勤務しています。

ル・カレの作品は、同じく英国の諜報機関で働いたイアン・フレミングのジェームズ・ボンドシリーズとは異なります。ボンドシリーズのテーマがアクション、セックスであるのに対して、個人と諜報機関との葛藤がル・カレの主たるテーマです。

スパイは外交官と異なり、「反モラル、非合法」活動に従事します。「反モラル、非合法」特に殺人が絡んでくると、「こうした行動が許されるか」という問いが出てきます。

ル・カレの『寒い国から帰ってきたスパイ』は、冷戦時代のスパイ活動を描いた物語です。英国の秘密諜報員リーマスが元ナチス党員だった東ドイツの共産主義諜報機関長官ムントを失脚させるために二重スパイとなって潜入します。

ヒリヒリするような任務を遂行しながら、本来は味方であるはずの組織からも騙されるような危険。仲間を騙さねばならない理不尽。思想とは、個人とは何かを考えさせられる傑作です。

【第二章】

モスクワ大学時代

1968~1969年

方向性を見失ったソ連

私はロンドン大学を出た後、モスクワに行くことになりました。1968年9月、26歳の時です。モスクワの日本大使館に赴くと、「今日はホテルを取ったからゆっくりしろ」とでも言われるかと思っていたら、一枚の書類を出されて「これをモスクワ大学の窓口に出せば受け入れてくれることになっている。大使館の後ろの通りにバス停がある。そこで○○番のバスに乗ってモスクワ大学に行けばいい。一年間の研修中は大使館に来なくてよろしい」と追い出されました。「ロシアを知れ」が当時の大使館の雰囲気でした。

ただ、モスクワ大学はとてつもなく広い。大学構内にはバス停がいくつもある。どのバス停で降りたらいいかもわからない。適当に降りて、スーツケースを引っ張って、大学構内をうろうろする。それが私のモスクワ大学のスタートでした。

ここで「諜報」に従事する者と「防諜」に従事する者の精神構造が真逆であることを述べておきたいと思います。

「諜報」に従事する者は**「相手にどれだけ食い込めるか、しゃべらせるか」**です。しゃべらせるには相手の警戒心を軽減しなければなりません。二人連れで出かけていき、相手に会って、相手が正直に話してくれることはありません。警戒のガードをいかに低くするかが「諜報」者に求められます。

他方「防諜」は、「いかに相手にこちら側に入らせないか」です。ガードを高めれば高めるほどいい。敵側とみられる人には決して一人で会わない。何が起こるかわからない。**「敵は何をするかわからない」ということが前提**にあります。

1968年当時の在ソ連日本大使館は圧倒的に「諜報」思想でした。

ソ連勤務のある著名な大使が私に問いました。「孫崎、語学を学ぶのに一番いい辞書は何か知ってるか。COD（Concise Oxford English Dictionary、オックスフォードの英語辞書の略）と思うだろう。違うんだな。LHDだ。わかるか。**Long Haired Dictionary（異国の言葉や風習を覚えるために、異国の女性とベッドをともにすること）**だよ」

「防諜」の人からはとてもこんな科白《せりふ》は出てきません。

私も「真の意味でロシア人を知るにはこのモスクワ大学の一年しかない」と思っていました。**大使館に勤め始めれば、私は「敵国陣営で働く人間」になる**からです。

私は「学者交流プログラム」でモスクワ大学に入りましたが、翌々年からソ連側は「外務省から来ている者は学者でない」と受け入れを拒否しました。

つまり、ソ連側は「モスクワ大学にいる外務省の人間をスパイにする好機」ととらえたのではなく、「ソ連の社会体制維持へのマイナスの人間」と判断したのでしょう。

当時の私は名目上は外務省員ではありますが、外務省内での勤務経験はなく、日本の大学からのポット出に過ぎません。特定の「〇〇主義」など思想は何もありません。しかし、ソ連から見ると、無節操な人間が、何の制約もなく好きなことをしゃべっている状態です。こんな人間こそ、当時のソ連の体制からすると、最も困るタイプの人間だったと思います。

ワシリー・アクショーノフの『星の切符』をご存じでしょうか。

主人公の一人が実に無節操な人間なのです。主義のない若者がふらふら動く、これが当時のソ連社会体制にとって一番困る存在だったのです。

この時期のソ連は極めて防御的な体制を取っていました。後になってわかったのですが、**わずかの期間であれ、モスクワ大学で暮らした外務省員と、ソ連で「敵国陣営で働く人間」としてだけ暮らした外務省員とでは、ソ連・ロシアに対する見方が大きく異なります**。前者は「ロシア人だって同じ人間なんだから、我々と共通の価値観がある」という視点になり、後者は「敵陣営のロシア人」となるのです。外務省には「ロシア語スクール」があると言われるのですが、一年のモスクワ大学の寮生活経験で私は「ソ連であれ協力する土台がある」という考え方をもたらしました。そして、このことが私を、ソ連を「敵」と見做し、対決こそ最大の政策と見做す外務省のロシア関係集団の「Black sheep（黒い羊、いわば組織の中厄介者）」にしました。

ソ連の終わりの始まりとなった「チェコ事件」

1968年の夏、ソ連は大混乱の中にありました。

1968年8月20日にソ連軍を主体とするワルシャワ条約機構5カ国軍の15万の兵が一斉に国境を越えて侵攻、首都プラハの中枢部を占拠してドプチェク第一書記、オルドシフ・チェルニーク首相ら改革派を逮捕、ウクライナのKGB（国家保安委員会）監獄に連行します。

ソ連がチェコスロヴァキアを占領（1968年8月21日）

いわゆる「チェコ事件」です。

私は「チェコ事件」こそ「ソ連崩壊の始まり」だと思っています。

社会主義は曲がり角にきていました。かつては計画経済で作り出すものが決まっていました。鉄を何トン、小麦を何トン生産するという具合に、目標は明確でした。

しかし、社会は多様化しました。魚の釣り針を作るとして「異なる魚用に各々どれくらい必要か」などを党政治局に勤める人間が決められるでしょうか。靴はどうでしょう。ブラウスはどうでしょう。ネクタイはどうでしょう。

大量の消費物出現に、市場経済の導入は不可欠です。そう思って私は、モスクワ大学での研究テーマを社会主義市場経済としました。この分野にはカントロヴィチ（1975年ノーベル経済学賞を受賞）等優れた学者がいました。

しかし、社会主義市場経済は党中央の決定より重要なもの、すなわち「市場」の存在を認めることになります。要するに、**党中央が決定の最高権威ではなくなる**わけです。

この経済の論理は政治にも波及します。経済の自由化は政治の自由化を招きます。それを体現したのがチェコ事件です。大まかな流れを見てみましょう。

① 経済に市場経済を導入する。何をどれだけ作るかは市場が決めるようになる。工場を建てる場合でも、どの製品を作る工場をどこに建てるかは市場メカニズムが決める。党中央ではない。市場とは一般市民と言い換えていい。

② 党中央は生産の決定権がなくなる。こうした動きは政治分野に波及する。政治もまた党中央が決定するのでなく、市場メカニズムの影響を受けながら一般の人々が決定していくこととなる。

③ ①と②の流れを作ったチェコ政府は、それならもはやソ連共産党の意向に従う必要がなくなる。

こうして、チェコは市場経済とソ連圏離脱を目指して動き始めます。この時期、ソ連モデルが理論的に優れているとは言えません。戦車で押さえつける他ないのです。

チェコ事件は「ソ連体制が継続できるか」「共産党中央集権体制が維持できるか」の問題であって、党中央は正解を持っていません。正解を探すのを放棄し、正解を探す者を抑圧したのです。

私は社会主義市場経済を勉強しようとしてモスクワ大学に入りましたが、これに関する本は図書館から消えてしまいました。

「政治＝権力者」が「知」に勝るとした時、その社会は崩壊に進みます。

これは今日の日本とも無縁ではありません。２０２０年、菅義偉首相は、日本学術会議が推薦した会員候補のうち一部を任命しませんでした。こうした事件は同様の危険を孕んでいるのです。ちなみに、この時排除された学者に『それでも、日本人は「戦争」を選んだ』の著者である加藤陽子氏がいます。「日本社会は戦前回帰をしているのではないか」が問われる時、彼女の知見は極めて重要です。

さて、ソ連は「知」で、新しい動きを制御できませんでした。後は「力・暴力」で制御するより他には手段がありません。

共産党にとって市場経済の問題は深刻です。中国ではその問題に関連して「黒い猫でも白い

鄧小平

猫でも鼠を捕るのが良い猫だ」という鄧小平《とうしょうへい》の「白猫黒猫論」が出ました。**「社会主義だろうが資本主義だろうが生産力（経済）を発展させられるのが良い主義だ」**という意味です。

中国では鄧小平の「白猫黒猫論」が勝利するまでには激しい路線闘争がありました。実際、鄧小平は一度敗北しています。しかし、彼は巻き返しました。

他方、**ソ連では「黒い猫でも白い猫でも鼠を捕るのが良い猫だ」と主張して戦う政治家はスターリン体制以降出てきませんでした。**

「スパイが周りにいる環境」でどう生きるか

ソ連はスターリン主義の後遺症を抱えていました。スターリン時代、何百万の人間が「反ソ連」で逮捕されました。特に知識階級では酷い。人々は、生き残りのためには、妻や夫も含め裏切らざるをえません。まさにジョージ・オーウェルの『１９８４年』の世界です。

指導者は有能か否かで周りを固めるのではなく、裏切らないか否かで周りを固めます。そう

ジョージ・オーウェル（1943年）

いう社会では、自分個人の力だけでは未来が開けません。モスクワ大学までは学力コンクールで金メダルをとったりして、自分の能力で入学できたとしても、その先のドアがないのです。「未来を否定された」人々です。

他方、我々日本人は未来のために生きています。小学校時代はいい中高一貫の学校に入るために、高校は大学に入るために、大学は大企業に入るために、企業に入れば課長になるために、課長になれば部長になるために。私たちは未来のために生きているのです。

今日でしか生きれないロシア人、未来のためにしか生きれない日本人。その対比に気づいたのが私のモスクワ大学です。

さて、これとスパイの関係を見てみます。

ロシア人のインテリは西側社会との接点に「解」を求めました。西側社会の力でソ連社会の変革ができないかを求めました。

その橋渡しになりうるのが西側から来ている留学生やジャーナリストや大使館員です。

ここはすでにスパイ（諜報と防諜）の領域です。

私は早くロシア人学生との接点を持ちたいと思っていました。期間は一年しかありません。

手っ取り早い方法は、すでにモスクワ大学に留学している日本人学生の周辺にいるロシア人と知り合うことです。

しかし、これが危険であることはすぐわかりました。

これらのロシア人と知り合うと、例えば友人Aは「BはKGB（ソ連国家保安委員会、ソ連情報機関・秘密警察）の手先だから気をつけろ」と忠告してくれます。そのうち、もう一人の友人Bは「AはKGBの手先だから気をつけろ」と忠告してくれます。

両者とも正しいことを言っています。実はAもBもKGB（ソ連国家保安委員会）の手先だったのです。

「スパイが周りにいる環境」でどう生きていくかが、モスクワ大学留学時の課題でもありました。

モスクワではKGBの標的になることは避けねばなりません。

ロシア社会に潜り込んでいく中で、私が心掛けたことは次の4つです。

①酒を過度に飲まない

②女性に過度な関心を持たない

③情報に過度な関心を示さない

④過度な体制批判を行わない（「いかに相手が『悪』であれ、どこかで共存を図らなければ

ならない」という認識が根底にあります）。

これは、私がその後イラクやイランなどに赴任した時にも使っていた原則です。**この原則は情報機関が目を光らせている社会で、外国人がトラブルに巻き込まれない方策だ**と思います。実際、この原則から離れた「過度」な行動をとった人が各々の国の情報機関の標的になっている事例をかなりの数、見てきました。

自分のホームグラウンドで戦うのではない。中立国のホームグラウンドで戦うのでもない。敵地のホームグラウンドで戦うのです。相手のルールは承知しておかなければなりません。

モスクワ大学時代は、学生と一緒に市内のあちらこちらを回りました。時にはスレスレの行動もしていたと思います。

市外への旅の誘いもありました。

一つ目はウラル地方出身の学生が結婚するから、結婚式の一週間前に来てくれというもの。

二つ目はバルト海のリガへ行こうというもの。三つ目はコーカサス地方の山岳地帯を歩き回ろうというもの。

いずれも魅力的でした。各々行きたかった。

しかし、それは「外国人がモスクワでの許容区域を超えて移動する際には当局の許可を必要とする」規則に違反します。

もしあの時、私が彼らと一緒に行っていたらどうなったでしょうか。

ＫＧＢに捕まっていたかもしれません。

招待者は無知で誘ったのでしょうか。それとも罠だったのでしょうか。

しばしば「女性との性行為を写真にとられても一向に構わない」という人がいます。しかし、その発想は危険です。

ソ連のような国が工作を仕掛ける時には、事前の決裁を取っています。工作が失敗すれば汚点がつきます。標的にした以上、成就を図ります。

つまり、**ハニー・トラップが失敗に終われば、「命を奪う」という脅しの段階にまでエスカレートする可能性がある**のです。

ルーマニア行きを計画した防衛駐在官の車にトラックが突っ込む

話をチェコ事件に戻します。

チェコ事件を契機に、西側はソ連の崩壊を目指して攻勢をかけ、ソ連はそれを防ごうと防戦に回りました。防戦には先制攻撃もあります。こうして激しい攻防戦が展開され始めたのです。

私がモスクワ大学にいる時、大使館で勤務していた防衛駐在官、飯山茂氏の話を紹介します。防衛駐在官とは、防衛省から外務省に出向した自衛官で、外務事務官として諸外国にある日本大使館などの在外公館に駐在し、防衛に関する事務に従事する者のことをいいます。

私は外務省に入ってすぐの頃、一時期外務研修所でロシア語を学びました。その時、飯山氏と一緒にロシア語を学びました。その縁で親しくしていただいておりました。

チェコ事件後、世界では、「ソ連は次に東欧の中で独自路線をとるルーマニアに軍事侵攻するのではないか」とみていました。

そこで飯山氏は「自ら車でルーマニアの首都ブカレストに行く」ことを決めます。ソ連が当時どれくらい真剣にルーマニア侵攻を考えていたかは別として、防衛駐在官が自ら車で走り、「要する時間はどれくらいか」「阻止できるポイントはどこにあるか」を確かめるためです。

ルーマニアまでは長い行程になります。それでまず、モスクワ市内は日頃からモスクワ市内は買い物などで運転し慣れている奥様に任せました。

しかし、なんと**十字路で信号待ちの時、トラックが突っ込んできた**のです。

飯山氏は病院に運ばれ、当然ルーマニア行きは中止になりました。

実は大使館員がトラックに衝突される事故は、これが初めてではありません。この事故の前に、通産省から出向の館員がトラックとの事故に遭っています。余談ですが、この方は、城山三郎著『官僚たちの夏』で有名な通産省の国粋グループ「佐橋（滋）派」の主要メンバーだったと聞いています。

冷戦時代、戦いの場はソ連国内です。ここでは、戦いのルールはソ連が決めます。そのルールを犯した者は制裁されます。これがモスクワ・ルールです。

「ソ連軍がルーマニアに侵攻するかもしれない。どれだけの時間があれば到達できるのか」それを自分の手で確かめようとした自衛官・飯山茂氏はその後、自衛隊の中で順調に階段を上り、東部方面総監となりました。陸幕長になる予定だったとも言われますが、かつての部下が**宮永スパイ事件**（1980年に発覚したスパイ事件。元陸上自衛隊陸将補の宮永幸久が数年にわたり、防衛庁中央資料隊の後輩らから入手した秘密情報を旧ソ連大使館付武官に渡していた。ソ連側のスパイの名前からコズロフ事件ともいう）に関与したことから、陸幕長にならずに退官されました。上級軍人としてのあるべきモラル、それを体現していた人でした。私が尊敬する一人です。

正しいことでも、スパイ攻防では別の意味合いを持つ

スパイの世界では、自分の意思で正しいことを行っているつもりでも、それを第三者に利用

ロストロポーヴィチ（1959 年）

されている時があります。

世界的なチェリスト、ロストロポーヴィチをご存じでしょうか。「チェロ奏者で、三人の名演奏家を選べ」と言えば必ずその名が入ってくる人物です。１９５１年、スターリン賞を受賞し、ソ連でも高い評価をうけました。

ロストロポーヴィチは、ソ連軍がプラハに侵攻したその日、ソ連国立交響楽団と共にロンドンのＢＢＣプロムス（英国最大のクラシック音楽祭）で演奏していました。曲目はチェコの作曲家ドヴォルザークのチェロ協奏曲ロ短調です。

演奏終了後、**ロストロポーヴィチはドヴォルザークの楽譜を高く掲げ、チェコ市民との連帯を表明しました。**ソ連の残忍性を印象づけたのでした。

ですが、今から思うと、このロストロポーヴィチの行動は、**英国情報機関の筋書きに沿う動きだったのではないでしょうか。**

チェコ事件では、ワルシャワ条約機構の行動として五カ国の軍がチェコに侵攻しました。つまり、東欧諸国の軍や政治家との間で調整が進められていたわけです。当時の英国ＭＩ６の能力をもってすれば「１９６８年８月20日にソ連軍を主体とするワルシャワ条約機構５カ国軍の

ソ連軍の戦車が燃え上がる様子プラハにて（1968 年）

15万の兵が一斉に国境を越えて侵攻する」ことは把握していたと見ていいと思います。

だから、その日に合わせBBCプロムスで、ドヴォルザークのチェロ協奏曲演奏をロストロポーヴィチに演奏させたのでしょう。

何も知らないロストロポーヴィチとソ連国立交響楽団が演奏し、ドヴォルザークの楽譜を高く掲げ、チェコ市民との連帯を表明するという〝絵〟を作ったのです。

1969年以来、ロストロポーヴィチは家族と共に迫害を受けていた劇作家のソルジェニーツィンを支援します。ブレジネフ書記長に彼を弁護する公開書簡も書いていました。しかし、これを受け、ロストロポーヴィチのソ連内でのコンサートが中止になってしまいます。

1974年、エドワード・ケネディ上院議員は訪ソした際、ロストロポーヴィチの出国を要請しました。ロストロポーヴィチが1974年にソ連を離れて以来、彼は西側の主要な指揮者の一人となりました。

ちなみにドヴォルザークのチェロ協奏曲は私の脳裏に染みついている曲です。イラン・イラク戦争でイランからミサイルが飛んでくる中で、バグダード交響楽団がこの曲を演奏しました。バグダード交響楽団と言っても主要な演奏家はロシア人です。ソ連政府がサダム・フセイン政権と契約していたのでしょう。チェリストはロシア女性でした。ミサイルが飛んでくる危険な地に送られてきたチェリストの弾く悲しみの音色は今でも胸裏に蘇ってきます。

1991年8月の反乱と1993年10月の出来事の間、**ロストロポーヴィチはロシアのボリス・エリツィン大統領の側で行動し、1991年8月には（モスクワの）ホワイトハウスの擁護者の一人となります。**

チェコ国民楽派を代表する作曲家アントニン・ドヴォルザーク

エリツィン政権はブッシュ大統領（父）の支援で成立していました。エリツィン政権誕生の頂点は、軍が包囲する中で、エリツィンがロシア・ホワイトハウス（ロシア語「ベールイ・ドム」）の前で毅然と演説したことにあります。ロシア国民はその態度に感動し、エリツィンを指導者として承認しました。

しかしこの時、米国は全てのソ連軍の通信を傍受し、「ソ連軍は動かない」ことを知っていました。そして、ブッシュ大統領の決断でその情報をエリツィンに渡したのです。つまり、**エリツィンは「何の危険もない」ことを知りつつ、危険に立ち向かう勇敢な男を演じ、ロシア国民の支持を得たのです。**これもある意味、西側情報機関の演出と言えます。

ロストロポーヴィチはこの「エリツィン劇」に参加していました。**人道的な言動は、しばしば情報機関が主導役を担う大きい構図の中の「駒」として使われるのです。**

ロストロポーヴィチは２００７年４月27日、81歳で死去しました。すでにプーチン大統領の時代です。**ロストロポーヴィチは自分の死に場所として、彼が亡命して名声を博した米国ではなく、一度は捨てたロシアを選んだのです。**

多分、彼は冷戦の中で、自分がいかなる役割を演じてきたのかわかったのでしょう。

スパイ合戦の背景――ショスタコヴィチの交響曲第7番

ソ連は成立当時から、その崩壊まで常に外部勢力から崩壊への圧力を受けています。

スターリン時代に大粛清がありました。「オックスフォードリファレンス（Oxford Reference）」の「大粛清（Great Purge）1936–8」にはこうあります（訳は引用者）。

スターリンが自らの権威に疑問の余地を与えなかったため、残虐行為は最高潮に達した。

表面的には、ジノヴィエフ、カメネフ、ブハーリンといった共産主義者幹部らのテレビ放映された「教育」ショー裁判が特徴的で、全員がでっち上げられた罪状を自白するよう拷問を受け、有罪判決を受け、処刑された。

このようにして、共産党中央委員会のほぼ70パーセントと党大会の50パーセントが処刑されるか労働収容所で死亡した。赤軍将校3万5000人が裁判にかけられ、その中には大佐の80パーセント、将軍の90パーセント、陸軍副長官全員が含まれていた。死者の総数は不明だが、おそらく100万人から1000万人の推定範囲の真ん中に位置するだろう。党、軍、経済、社会が完全に疲弊したため、大粛清は1938年末に終結した。しかし、スターリンの恐怖は、他の形で、彼が亡くなるまで続いた。

暗い時代はその後のソ連政治でも生き残りました。

ショスタコヴィチの交響曲第7番《レニングラード》という曲があります。完成したのは1941年12月。当時、レニングラードはドイツ軍に包囲され、餓死者がでるほど苦境に陥っていました。

ショスタコヴィチは1942年3月「プラウダ」紙上にて「私は自分の第七交響曲を我々の

レニングラード包囲戦（1942年）

ファシズムに対する戦いと我々の宿命的勝利、そして我が故郷**レニングラードに捧げる**」と表明します。ここからこの曲は『レニングラード』という通称を持つようになりました。

レニングラード包囲戦は１９４１年９月８日から１９４４年１月27日まで続きました。死者は１００万人を超え、死因の97パーセントは餓死と言われています。ショスタコヴィチがレニングラード包囲戦を主題の一つとしていたことは間違いありません。

しかし、この曲のテーマは、レニングラード包囲戦だけではないのです。

ショスタコヴィチに関し『ショスタコヴィチの証言』という本が１９７９年に英語版、１９８０年に日本語版が出版されています。その証言の真偽について議論を呼びました。従って下記の引用もどこまで正しいかの保証はありません。でも私は、信用しています。

作品完成直後の１９４１年12月27日、疎開先クイビシェフでショスタコヴィチ家のパーティに招かれた隣人フローラ・リトヴィノワは、作曲者の次のような発言を回想している。ドミトリー・ドミトリエヴィチは言った。**「ファシズム、それはもちろんあるが、ファシズムとは単に国家社会主義（ナチズム）を指しているのではない。この音楽が語っているのは恐怖、屈従、精神的束縛である」**。その後、ドミトリー・ドミトリエヴィチは、第7番ではファシズムだけでなくソビエトの全体主義も描いた。

ドミトリー・ドミトリエヴィチ（1950年）

スターリンによって何百万ものロシア人が処刑されました。曲の冒頭では、ドイツ軍が襲ってくると解釈されるマーチ風の不安なトーンが繰り返され、次第に音は大きく近づいてきます。

これを、秘密警察が逮捕にくる情景だと思えば、軍の攻撃と見做すより、はるかに合点がいきます。**人々の命を脅かす全体主義と、犯される人々の平和との対比**と見做した方が、この曲の理解がすすみます。「ナチの侵攻」に名を借りて、スターリン的全体主義の恐怖を描いたのでしょう。

ヨシフ・スターリン（1943年）

そして、ナチがなくなっても、スターリンがなくなっても、**世界の至る所で全体主義（それは民主主義の仮面をかぶっている時もある）が我々の平和な日々を犯しています。日本も例外ではありません。だからこの曲は今でも高い支持を得ているのです。ちょうどオーウェル著『1984年』が単純なソ連批判だけではなく、自国の政権批判でもあると受け止められているように。**

こういう全体主義との戦いの中で、ロシア人のスパイ（西側情報機関への協力者）が現れました。スターリン時代からの全体主義への流れがわからなければ、理解できないでしょう。この時代のロシア人のスパイはお金を主たる動機とはしていません。

1990年代、私がウズベキスタン大使の頃、ウズベキスタンに留まったロシア人の女性は**「ロシア人の男性は死を恐れない。死ぬとわかっていても、愚直に進む」**と言っていました。いわゆる「イワンの馬鹿」です。ロシア人の感覚としてはこうです。

「俺は馬鹿だ。だが守るべきものがある。それだけは守る」

冷戦時代の「スパイ合戦」で総じてCIAやMI6の工作は成功していきます。だがそれはCIAやMI6の能力だけではありません。**呼応するロシア人がいたからです。**

Zの動向

先述の通り、モスクワ大学時代には、日本大使館から「大使館に近寄るな」と言われていました。当時の私は「ロシア人と〝真の交流〟ができるのは今しかない」と思っていたので、ロシア人学生や彼らを通じてのロシア社会に入ることだけを考えていました。だから、西側のニュースも遮断していました。

モスクワ大学留学時の著者、大学の構内で（1969 年）

序章で紹介した英国陸軍学校時代の同級生、後にMI6副長官となるZからは1967年に「モスクワに赴任する」と聞いていましたが、接触はしませんでした。西側外交官との接触はソ連社会に入る際に阻害要因になると判断していたからです。

実はこの頃、Zの近辺では大きい動きがあったのですが、もちろん当時の私は知りませんでした。

【第三章】

モスクワ大使館時代

1969~1971年

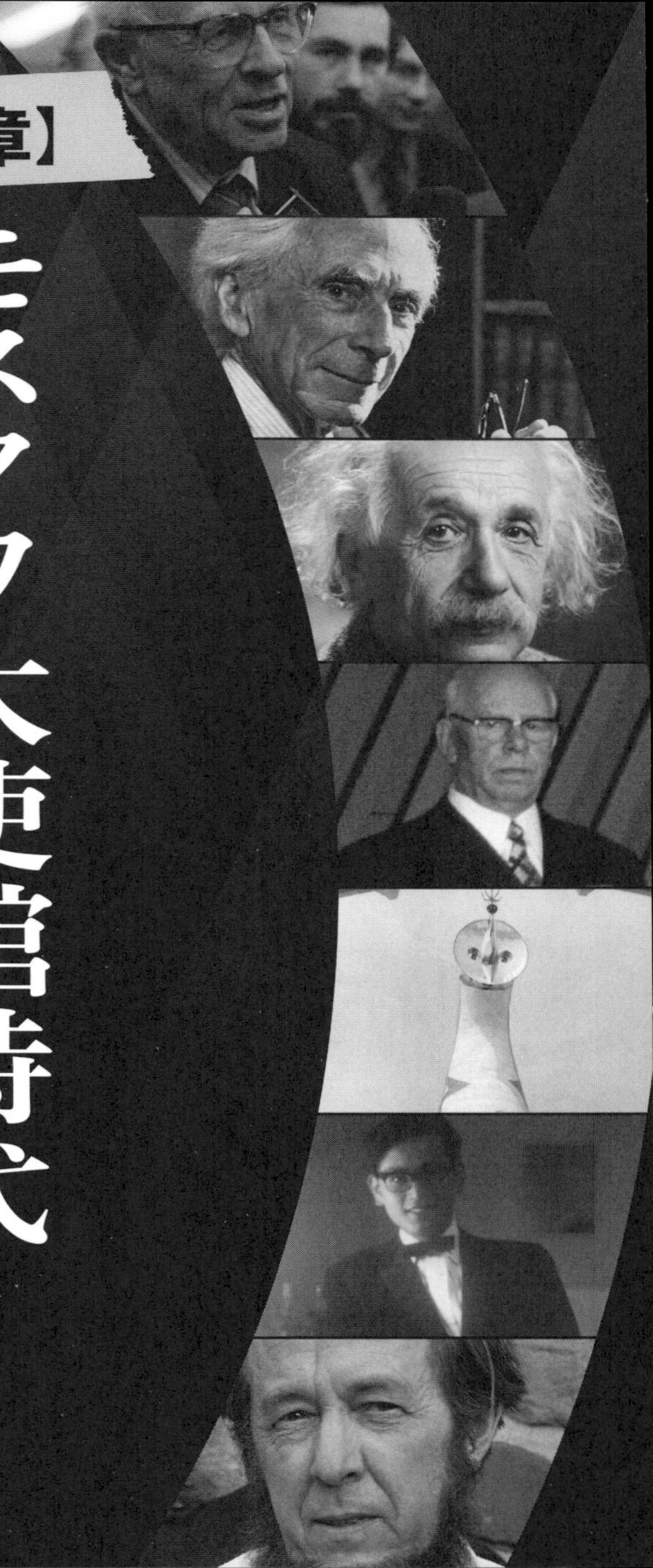

「ソ連水爆の父」サハロフの動き

「チェコ事件」を契機に、西側の対ソ工作が活発化します。ソ連の軍事技術が抜きん出ていたこともあって、「ソ連が米国を凌駕するのではないか」と議論された時もありました。

ソ連は1957年、世界初の人工衛星スプートニク1号を打ち上げ、1961年4月にはユーリイ・ガガーリンがボストークで世界初の有人宇宙飛行に成功します。確かに、ソ連が世界をリードするのではないかとみられた時期がありました。

しかし、チェコ事件は、多様化する社会で共産党の中央集権体制では経済が機能しないことを示しました。

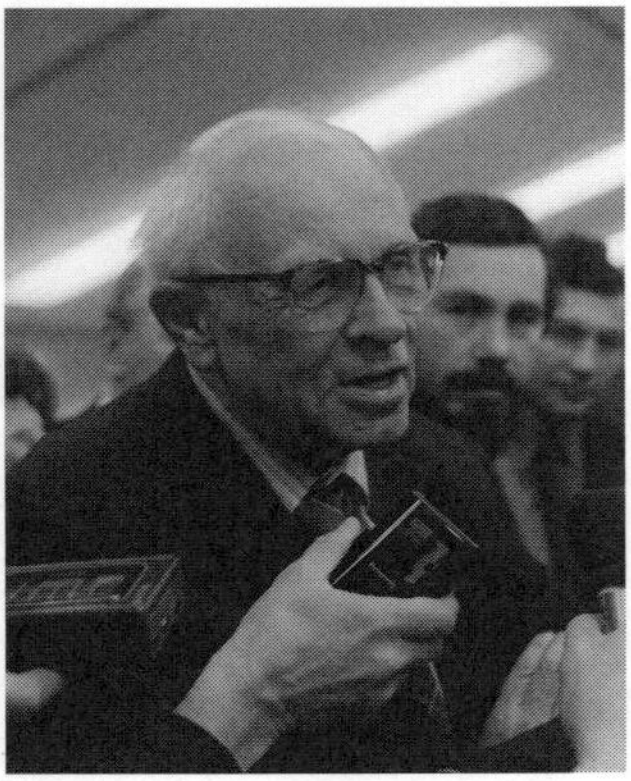
アンドレイ・サハロフ（1989年）

市場経済の導入は社会主義市場経済が進むべき道でしたが、それを潰したのです。

前章で見たように、**ソ連は「知」を「暴力」で抑え込みました。**

ここに「チェコ事件」の悲劇があります。抑え込まれたチェコに悲劇が訪れたのは当然ですが、抑え込んだソ

バートランド・ラッセル（1949 年）

アルベルト・アインシュタイン（1947年）

連自体にも悲劇が進行していくのです。

ソ連にアンドレイ・サハロフ（1921~1989）という理論物理学者がいました。水爆の開発に携わり、「ソ連水爆の父」と呼ばれています。この彼が核兵器開発に疑問の声をあげます。

なお、当時核兵器開発に疑問の声をあげたのはサハロフだけではありません。西側の科学者も疑問の声をあげています。

その象徴が「ラッセル・アインシュタイン宣言」です。

ラッセル・アインシュタイン宣言は1955年7月9日にイギリスの哲学者・数学者バートランド・ラッセル、アメリカの物理学者アルベルト・アインシュタインを中心とする、当時世界の第一線で活躍していた科学者ら11名の連名で出された、核兵器廃絶と科学技術の平和利用を訴えた宣言です。11名の中には日本初のノーベル賞受賞者である湯川秀樹もいます。ソ連にいたサハロフはラッセル・アインシュタイン宣言に署名はしていませんが、西側の核分野の学者と同じ思想を持っていても不思議ではありません。

サハロフは、前述のソルジェニーツィン、ロストロポーヴィチと共にソ連共産党を批判する「反体制派」の中心人物となりました。当然、西側情報機関は彼らを擁護する態勢をとります。要するに、彼らを「駒」として、CIA・MI6対KGBの攻防が繰り広げられたのです。

以前モスクワにあったサハロフ博物館（1996年設立、2023年閉鎖）では、サハロフに関するビデオが公開されていたのですが、その中に次の説明がありました。

「1968年から1969年にかけて海外で発行されたサハロフ氏の論文『進歩、平和共存、知的自由に関する考察』の総印刷部数は1800万部であった。この指標によると、サハロフ氏の論文は聖書と毛沢東の小赤本に次いで世界で第3位を占めた」

世界の人々は自発的に1800万部買い求めたわけではありません。CIAなどの力によります。先に見たロストロポーヴィチのように、**情報戦争の中で「正しいこと」と思って実施しても、それが別の目的に使われることはしばしばあります**。サハロフのケースもその中に入ります。

モスクワでの盗聴・尾行

「チェコ事件」を契機に、西側がソ連に攻勢を強めた結果、ソ連の経済、安全保障、社会は危機を迎えていました。揺さぶれば、ソ連が内部から崩れる可能性も出てきました。こういう時には、**問題点を西洋の学者でなくロシア人自身の声で発信することが効果的**です。

ロシア・ソ連には詩や小説や評論を自ら出版する伝統があります。ソ連人の書いた物を西側に持ち出して製本する。それをソ連国内に逆流させる。この任務を、大使館など西側の人間でモスクワなどに住んでいる人物にやらせる。こうした動きができてきました。そのため、モスクワでは外交官などに対する当局の監視が強まりました。

この監視体制はソ連側からすると比較的容易です。外交官など外国人の住宅はモスクワ市内の特定区域に集められています。入り口には警官が立っています。一般のロシア人は近づけません。この住宅を出て大使館に行く時には、入り口にいる警官が本部に通報します。館員が大使館に着いたら、警官がまた本部に通報します。要するに、寄り道をする挙動不審な人間だけ特定して尾行すればいいわけです。

住宅はソ連側が提供します。と言うことは、事前に盗聴器を仕掛けておけばいい。さらに外国人は掃除、料理などを手伝ってくれる人を雇用しますが、これもソ連当局が独占的に斡旋します。基本的に完全な監視体制の中にあります。

当時、西側外交官やジャーナリストの住居は勝手に探せませんでした。ロシア政府が提供する住宅に入らなければなりません。当然、盗聴器が据え付けられていると思わなければなりません。巧妙にカメラも据え付けられているかもしれない。「プライバシー」など皆無です。

「常に監視されている」という緊張は決して健康によくありません。それもあってか、**大使や比較的高齢でモスクワ大使館に勤務した人は早い段階で亡くなる確率が高い**のです。ただ、日本の外務省員は不思議と長命な人が多いのですが。

10 数年も働いてきた信頼した女中による毒入り茶事件

モスクワでの緊張のなか、一方が均衡を破る行動をとると激しい反応が出てきます。それが1969年ごろに起こりました。

当時、大使館敷地には大使公邸、公使公邸、大使館事務所がありました。この頃、日ソ間の最重要交渉は漁業協定です。長い交渉期間中、公使公邸にきてくつろぎます。ここで今後の方針を打ち合わせることがしばしばありました。

しかし、盗聴されているとなると、手の内をソ連に知られて交渉することになります。流石《さすが》にこれはまずいということで、日本から専門家を呼び、盗聴器の調査をしてもらうことになりました。東京から専門家が来ました。盗聴器を見つける仕事だから、ソ連のＫＧＢも構えます。何が起こるかわかりません。大使館敷地は塀で囲まれ、入り口にはソ連の警官が立っています。公使公邸に出入りするロシア人は女中一名のみです。この女中は戦後に日本大使館が開設されて以来働いてきました。これまで10年以上、不祥事がありません。皆完全に信頼していました。それで東京から来た専門家を一般のホテルではなく、公使公邸に泊めることにしました。屋根裏から盗聴器が大量に見つかります。多分取り払ったのだと思います。

それがＫＧＢ側に過度の刺激を与えたようです。

この専門家が公使公邸で一服していた際、女中が出したお茶を飲みました。どうやら、そのお茶に毒が入っていたようです。

彼は激しい体調不良に襲われました。即刻治療をしなければなりません。しかし、ソ連の病院では何が起こるかわかりません。急遽大使館の車で、大使館員の護衛付きでフインランドのヘルシンキに行き、そこから東京に向かいました。

女中はそれ以来、大使館に来なくなりました。10数年一緒に働き、大使館のほとんどの方から、仕事振りについて賞賛を得ていました。感情の交流もあったでしょう。そんな人たちを相手に毒を仕掛けなければならない——彼女はどういう心境だったでしょうか。そして、その後どう生きていったのでしょうか。

幻となったポドゴルヌイ訪日

当時、私は公使の通訳でしばしばソ連外務省に出かけました。私のソ連観に大きい影響を与える事件があったので、スパイとは関係ない出来事ですが、ここに記しておきます。**外務省では「なかった事件」として処理されている**ので、機密漏洩でもないでしょう。

日本万国博覧会（大阪万博）「太陽の塔」
© 産経ビジュアル

1970年の大阪万博に関連する話です。ソ連側からポドゴルヌイ最高会議幹部会議長が大阪万博開幕式に出席したいという提言がありました。ソ連は力を入れ、展示棟は高さ130メートル、最大幅70メートルの半月形の建物、地下3階、地上3階建ボストーク計画の宇宙船やモルニヤ衛星が展示されました。

ソ連で訪日した要人は１９６１年と１９６４年に訪問したミコヤン副首相のみです。

当時ソ連はブレジネフ書記長、コスイギン首相、ポドゴルヌイ最高会議幹部会議長のトロイカ体制と言われました。実権はブレジネフ、コスイギン、ポドゴルヌイの順ですが、対外的にはポドゴルヌイは国家元首です。

ニコライ・ポドゴルヌイ（1973年）

訪日計画が公使とロシア外務省第二極東部長の間で詰められていきました。ソ連側は「これは儀礼訪問です」と幾度か言いました。これは「政治的協議を行う訪問ではない」という意味が込められたメッセージです。

一方、東京では初めてのソ連首脳訪問ということで盛り上がり、この際「北方領土問題を強硬に主張すべきである」との声が強く出ました。佐藤栄作首相の時代です。

公使と第二極東部長の打ち合わせは順調に進み、ポドゴルヌイ最高会議幹部会議長の大阪万博開会式出席に伴う「訪日儀礼訪問」が実現の運びとなりました。

最後の会談の際、ロシア側には部長、通訳に加え、「参事官」と称する人が参加しました。会談が終わり、エレベーターに向かって歩いていると、その「参事官」が追いかけてきて「今度の訪問について是非言っておきたいことがある」と私たちを止めました。

「今度の訪問は儀礼訪問です。日本側ではこれを機会に領土問題を取り上げたいようですが、それはダメです。我々は儀礼訪問ということで訪問を決めたのですから。儀礼に徹することを周知してください。そうでないと訪日は実現しません」

大使館に戻ってこの発言をどう処理するかを話し合いました。

結局、私たちの窓口は第二極東部長であり、「参事官」の「不規則」発言は、「不規則」で責任ある発言とは見做されないとして無視することになりました。

そして数日後、ソ連国防省は突然日本周辺の４カ所の爆撃訓練区域を発表します。もちろん、在ソ連大使館は抗議しました。

しかし、この訓練区域に奇妙な点がありました。

場所、時間帯がポドゴルヌイの訪日飛行ルートと重なっているのです。

しばらくしてソ連はポドゴルヌイの訪日を中止すると発表しました。同時に射撃訓練計画も撤回されました。**射撃訓練計画はポドゴルヌイの訪日を止める手段だった**のです。

世界のどこでも、軍がその国で特定の認知を得ると、軍は政治的な最高権力者の意向を無視して実行する力を持ちます。

これは、今日のアメリカでもみられる現象です。

バラク・オバマ大統領は核兵器廃絶をスローガンに当選しました。「核なき世界の理念は、

バラク・オバマ（2012年）

軍縮や軍備管理交渉に力強い刺激を与えた」ことを理由として、オバマ大統領はノーベル平和賞を受賞しました。しかし、その実態はどうでしょうか。オバマ大統領は核兵器廃絶に向け一ミリたりとも前に進めませんでした。

一方、ドナルド・トランプ氏は大統領の時に傍若無人に振る舞っている印象を与えました。彼は休戦状態にある朝鮮戦争を正式に終え、平和条約の締結を目指しました。ノーベル平和賞を目指していると噂されました。

しかし、ボルトン国家安全保障問題担当補佐官が在職中に公然と造反しました。ボルトン一個人の動きではありません。この造反でトランプ氏の動きは阻止されました。

もはや米国で、軍部が最重視する国防費を削減できる大統領は出てこないのではないでしょうか。

ニキータ山下が語る「西側に対するスパイへの強要」

チェコ事件の後、モスクワでのスパイ攻防は激しいものでした。

当然、犠牲者も出ます。

フランス大使館の防衛駐在官夫人が住宅から飛び降り自殺をしたとの噂が流れました。

日本大使館でも、スタッフがロシア語家庭教師と男女関係になってトラブルを起こすという事件が起きました。

現地取材で優秀な日本人記者も国外に追放されました。

彼は中央アジアに取材に出かけ、現地で骨董(多分陶器)を買ったようです。素晴らしいものだったらしく、この業者がモスクワから郵便で送るという約束をしました。実際送ってきました。しかし、ソ連では古物の売買は禁じられています。彼は法律を犯したということで国外追放になりました。

別のジャーナリストは、夜間ホテルに女性と入ったことから国外追放されました。ソ連では謀議を防ぐため、夜は一定時間以後、自室に客を入れてはならないという規則があったようです。つまり、彼はそれに違反したというわけです。

このようにソ連時代には、一貫してスパイの動きがありました。

特にソ連と仕事で接する人にはそれがつきまといます。

その実態は普段あまり表には出てきませんが、ボーカルグループ「ロイヤルナイツ」のニキータ山下（山下健二）氏は『夕空の鶴』（２０２２年11月に成文社から出版）の中で具体的に記載しています。貴重な情報なので、ここでその一部を紹介します。

・1960年、貿易振興会の通訳としてソ連へ行く。その時、「我々に協力するなら、芸大卒業後、二年間のイタリア留学も援助する」と提案してきた。日本に帰ると、すぐ警視庁外事課が話したいとやってきた。
・1963年のソ連訪問には、スパイ勧誘を拒否したことが原因と思われる奇妙な出来事が次々と発生し、ソ連の「体制」があからさまに私に牙を剥《む》いてきた。モスクワ音楽院の入学試験を受けたが、「ソ連政府としては、西側である日本からの学生を受け入れるわけにはいかない」と言われる。
・スパイ勧誘を生業とするソ連参謀本部情報総局のU・Iが私の前に現れた。続いて女性がホテルに現れた。誘われて女性の部屋に入っている時に、「夫」を名乗る男を含め複数の男が入ってきた。
・ソルジェニーツィン著『収容所列島』の翻訳へ参加し、ソ連への入国を拒否された。トロヤノフスキー大使に言うと「胸に手を当てて考えなさい。ソ連に不利益になる文献にかかわっただろう」と叱責された。
・1979年春ビザ申請のためソ連大使館を訪れると、ポリャンスキー大使に呼びとめられ、「モスクワで貴方に会いたいという人物がいるから、その人に必ず会うこと」を条件にビザを下ろしてもらった。

・メトロポールホテルはKGBの「アジト」の一つであったと、モスクワ駐在の時に知った。警備員が私を警備室に誘い、回転するテープが大量に回っている一角を見せてもらった。「これはそれぞれ客室についている盗聴器の記録テープだ。**客が入室し、電気をつけると、それが回るようになっている**」という。

・大韓機航空機事件後、ソ連の報道と日本で伝えられている内容に違いがあるため、従業員との世間話の際、日本の新聞が何を書いているか口頭でロシア語に訳してあげたことがある。外国貿易省で（私を雇用している）月光荘社長が「山下さんをソ連から撤退させるよう」命じられたという。

実は私はこの本を読んで驚愕しました。ソ連のKGB等の工作を、ソ連の亡命者が書いた物は別にして、これだけ具体的に書いた本はなかったのでないでしょうか。私の第一感は**「山下氏はここまで書き込んで大丈夫か」**でした。

そこで、ニキータ山下氏の動向を調べてみると2024年6月「Christian Today」は次のように報じていました（訳は引用者）。

「ロシア語同時通訳者で歌手のニキータ山下さんが5月26日未明、急性骨髄性白血病のため東京都内の自宅で死去した。86歳だった。正教徒で、埋葬式が5月29日、日本正教会の東京復活大聖堂（通称・ニコライ堂）で行われた」

事情を知っている人に聞くと、この本を作成中、山下氏の病状はどんどん悪化していました。つまり、本を発行してから健康を害したわけではない。別の表現をすれば、**彼は遺言のつもりでこの本の作成に取り掛かっていた**のかもしれません。ただ、山下氏と親交があった人は「過去、ニキータ氏は厳しいソ連・ロシア批判は行っておらず、本のトーンに驚いている」と述べて、何か別の力が働いていたのでないかと憶測しています。

ソルジェニーツィン著『煉獄のなかで』

アレクサンドル・ソルジェニーツィン（1974年）

1970年頃、外交団の大きな関心は当時「反体制派」の中心人物となっていたソルジェニーツィン、サハロフ、ロストロポーヴィチでした。西側外交官は彼らの支援に回ります。

その流れの中で、私もソルジェニーツィンが1968年に発表した長編小説『煉獄のなかで』のコピーを西側外交官の仲間からもらいました。

『煉獄のなかで』は外務省参事官ヴォロジンが、逡巡しながら、かつて自分の命を救ってくれた知人の医学教授に電話で警告を発する所から始まります。

ヴォロジンは「この通告によって自分の身元がばれ、罰せられることになるかもしれない」と思いつつ、電話に出た教授の夫人らしい女性に必死に伝達を試みます。

「教授はパリに派遣されていた時、同僚のフランス人教授たちにある品物を渡すと約束なさったのです。数日間に渡すことになっているのです。外国人になど、何一つ渡してはいけないのです」(『煉獄のなかで』より)

この参事官は「公安もこの電話だけでは自分にまでは迫れないだろう」と思っていましたが、捜査は次第にこの参事官に迫っていきます。

この物語では、当時のソ連の刑務所の状況も描かれています。一般の刑務所はシベリアなどに位置し、監獄の中で劣悪な環境で生活し、強制労働が課せられていました。極めて厳しい環境です。

これに加え、特殊刑務所があります。ここは学者などが反体制批判の言動で身柄を拘束されています。ただし、彼らは研究を継続することが許されています。行動の規制はありません。

恋愛の余地もあります。特権を享受している囚人です。しかし、行動に不審な点があると判断された場合には、シベリアなどの一般収容所に移送されます。

こうした環境にいる学者に声紋等で、電話をした人間を特定するように指示が出されます。総じて物語は、この特殊刑務所という不安定な場所にいる人々の生き方を中心に展開されていきます。

作中には、ソルジェニーツィンの観察も盛り込まれています。

「戦争が怖いのは、軍隊の進軍のためでも、火災のためでも、爆撃のためでもない。**戦争が恐ろしいのは、第一に、考えるすべてを愚かな権力の正当な支配下に置くからである**」

「ヴォロジンの人生観は、人生はただ一度しか与えられないというのだった。だが**良心もやはり我々に一度しか与えられないというのだった。いったん死の手に渡されてしまった生が取り戻せないとおなじように、いったんそこなわれた良心も同様取り戻せないのだ**」

「ゲッセマネの園のキリストも、自分のつらい運命を十分知りながらやはり祈り、希望を捨てなかったのである」

「彼らはなにもかもすっかり失ってしまった人間の不敵さ――なかなか得難いけれども、いったん得たらめったなことではゆるがない不敵さ――が、胸にわいてくるのを感じてい

た」（前掲書）

ソルジェニーツィンの戦いは決してソ連内での戦いだけに限りません。「権力が良心を締め付ける」それへの戦いです。**「その戦いは自分たちとは無縁でない」と感じとったからこそ、多くの国々の知識階級がソルジェニーツィンを支援した**のです。

ソルジェニーツィンは1994年5月、亡命先の米国から妻と共にロシアに帰国しました。その後ソルジェニーツィンは死去するまで妻と共にモスクワ西部郊外のダーチャに居住します。ロストロポーヴィチと同じく、**死に場所には、自分を弾圧した地、モスクワを選んだ**のです。彼らを必死に亡命させた西側の「スパイたち」は彼らの「何」を理解していなかったのでしょう。

Zの動向

英国陸軍学校の同級生、Zとはモスクワで一緒になる予定でした。

Zは荷物をスウェーデンに送り、陸送でモスクワ移送の手配を取っていました。ここで在ソ連英国大使が、「Zのロシア語習得程度が低い。これでは仕事ができない」とZのモスクワ赴任を拒否します。

在ソ連モスクワ大使館時代の著者（1970年）

確かにZのロシア語習得度合いは高いとはいえませんでした。私とジョン・カーと三人でビリ争いをし、Zが早々にビリとなりました。

しかし、受け入れを拒否しなければならないほど悪いわけではありません。また、外務次官となったジョン・カーとそれほど大きな差があったわけでもありません。

たまたま私は当時、ジュネーブに出張することがありました。すると、Zが代表部に勤務していました。何かの商品の国際取引の規制担当でした。決して魅力ある仕事ではありません。

一般的に組織で高い評価を与えられていない職場にはよくない人材が集まります。

当時のZの上司もその例にもれず酷かったそうです。Zは意気消沈していました。私は年上のZに「そのうちよくなるよ」と意味のない慰めの言葉をかけていました。

【第四章】

調査企画部分析課

1971～1974年

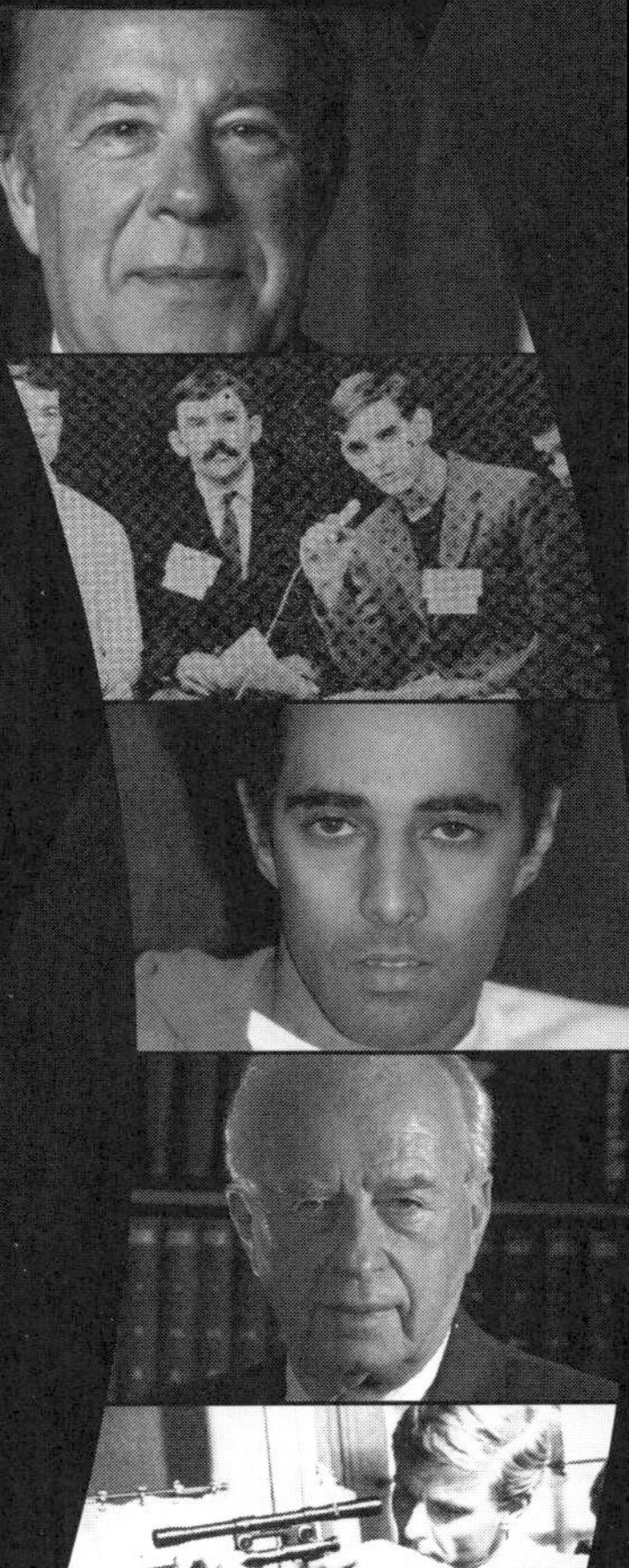

スパイよりも信頼度の高い情報が得られる「シギント」

1971年夏から調査企画部分析課で勤務を始めました。中ソ関係とソ連内政が担当です。

1969年3月2日、極東のウスリー川の中州・ダマンスキー島（珍宝島）でソ連の国境警備隊と中国軍による衝突が起こりました。中ソ双方は核兵器を有しています。双方とも核兵器の使用をほのめかしていました。

分析課は『中ソ国境問題資料集』等を出版し、着実な研究をしていました。しかし、何よりの「宝」は中ソ双方間の電報のやり取りを傍受できたことです。表向きの声明と双方の応酬を見ると、実態がより鮮明にわかります。

情報分野には、**人を介する諜報活動「ヒューミント」と、通信・電磁波・信号等の主として傍受を利用した諜報活動「シギント」**があります。

各国のシギント機関として指摘されているのは次の通りです。

国家安全保障局（米国）
政府通信本部（英国）
警察庁警備局、防衛省情報本部、陸上自衛隊システム通信団（日本）

軍事偵察局（仏）
連邦保安庁、連邦軍参謀本部情報総局（露）
国防電波局（スウェーデン）
中国人民解放軍総参謀部第三部（中国）
連邦情報局第二課（独）

日本のシギントについては『Wedge』2022年4月号に掲載された小谷賢氏の「戦後日本インテリジェンスの光と影」という次の記事が参考になります。

「日本が独立を果たし、1954年3月に防衛庁・自衛隊が発足すると陸上自衛隊幕僚監部第二部が設置され、そこで情報調査の業務、特にソ連をはじめとする共産圏の情報の収集と分析を行うことになる。旧軍でソ連情報担当者たちが集められ、その中には陸軍でソ連暗号解読に携わっていた広瀬栄一や後にソ連のスパイ事件で逮捕される宮永幸久も含まれていた。

第二部にはソ連・東欧圏の公刊物を収集・分析する中央資料隊や、在日米軍と連携して情報収集を行う特別勤務班（別班、またはムサシ機関）も存在していたが、**最も秘匿《ひとく》度が**

高かったのは通信傍受を行う第二部別室（別室）であった。

別室は組織上、陸上幕僚監部第二部の下にあったが、実際は陸幕とはほとんど関係を持たず、むしろ内調の組織として機能していた。

内調は海外で情報収集する手段や権限をほとんど与えられていなかったため、中国やソ連の電波収集を情報源にしていたのである。

しかし、通信傍受は多くの人員や施設が必要となり、小規模な内調にはそれを抱え込む余裕がなかった。そこで陸幕内に組織を設置し、そこで得られる情報を内調に上げるという仕組みが作られたのである。**歴代の陸幕長や防衛事務次官ですら別室については全くといってよいほど関与していなかった。**

そもそも陸上自衛隊の組織にもかかわらず陸海空の自衛官が勤務していた上、初代の室長で前北海道警察本部警備部長、つまり警察官僚の山口広司が務め、その後の**室長も警察が占めることになる。**当時、防衛庁調査課長だった後藤田正晴は、後の朝日新聞のインタビューで、「**それ（電波傍受）は内調の情報の中心だった。**最初の施設は埼玉県の大井通信所だな。あれはね、近隣諸国で軍の部隊や艦隊が集まったときには、無線による交信が非常に多くなるので、すぐ分かる」と語っている。

別室は長らく世間からも秘匿された組織であったが、1975年6月には世間の耳目を集めることになる。同年1月の『軍事研究』（ジャパンミリタリー・レビュー）で発表された論稿、「日本の情報機関の実態」で別室が取り上げられ、その後6月には『週刊ポスト』がこれを後追いして報じたことで、国会でも議論の俎上《そじょう》に載せられたのだ。

さらに**1983年9月1日の大韓航空機撃墜事件**においても、別室の後継組織である陸上幕僚監部調査部第二課別室（調別）が再び注目を集めた。**調別の稚内通信所分遣班は、ソ連防空軍の迎撃機スホーイ15と地上基地の交信を傍受し続けており、**同日午前3時25分45秒にミサイル発射、その35秒後に目標が撃破されたというやり取りを鮮明に録音することに成功したのである。翌日、大韓航空機がソ連の迎撃機に撃墜されたことが明らかになると、米国のシュルツ国務長官が独断でソ連の行為を批判するテレビ会見を行った。シュルツはその場で日米が極東ソ連軍の通信を傍受していたことを明かしてしまったため、日本政府は録音記録を米側に引き渡すことになった」

ジョージ・シュルツ国務長官（1989年）

1970年代、**シギント（電波情報）はどんなスパイが提供する情報より信頼度の高いもの**

を提供する状況になっていました。

英国の諜報員は何故「スパイの旗」を掲げていたのか

私はこの時期、ロシアの内政、中ソ関係を担当していたので、日本において同じ分野を担当する西側の情報関係者と接触していました。

通常、情報関係者は身分を明かしません。しかし、当時日本にいた英国ＭＩ６の人間は「自分はＭＩ６の人間である」と外交官内でほぼ公然にしていました。彼の家は確か紀尾井町界隈に当時あった一軒家でした。つまり、人目につくことなく、出入りできたのです。

私は彼に「何故ＭＩ６の身分を公然と明かしているのですか」と問うたことがあります。

彼は笑いながら**「私の主な仕事は日本の情勢を調べることではない」**と述べました。

私はびっくりしました。「任地の調査は私の仕事じゃない」と言い切る。「じゃあ、何が仕事ですか」と聞くと**「東側の外交官をひっくり返すことだ」**と返されました。

東京にはソ連や東欧圏の外交官や諜報員が多くいます。彼らを西側のスパイにして本国に送り返し、スパイ活動をしてもらうのが目的だと言われました。

チェコ事件後、ソ連や東欧圏の外交官には本国の政策に批判的な人がいました。なかには西側諜報機関と協力して体制変革を目指す者がいるかもしれない。その時、彼らは西側外交官の誰と接触していいかわかりません。だから、**あえて「スパイ」の旗をあげ、紀尾井町界隈という高価な土地にある一軒家を拠点とし、彼らがいつでも接触できるようにした**のです。

この論点は『007　ロシアから愛をこめて』で、トルコに公然の諜報員を配置していることの意味について「このへんでは、表に現れた人間を置いておくことも、べつに害はないんだ。**どこへいって誰に話せばいいかわかっとれば、それだけこっちに飛び込んでくるお客さんも多いわけだ**」との記述があります。

普通、こういう記述は気にせずに読み飛ばします。しかし、**スパイ小説にはこのように貴重な情報がさりげなく埋めこまれている**のです。専門家はそれに気づきます。

ベ平連による米脱走兵移送の知られざる史実とは?

ＣＩＡ・ＭＩ６等、西側情報機関やＫＧＢ等ソ連側情報機関の協力を得たいと思う者にとって、最初の関門は「誰が自分の相手になってくれるか」「それとどう接触するか」にあります。時期的には本章の範囲外ですが、これに関連する話をここで紹介させてください。

１９６５年、米軍による北ベトナムへの「北爆」を契機に、一般市民の死者が増えたことが報じられると「ベトナムに平和を!市民連合（ベ平連）」が形成されました。小田実、鶴見俊輔、高畠通敏、開高健、いいだもも等がメンバーです。

「ベ平連」の活動の一つに「ベトナム戦争時脱走した米国兵をいかにして中立国に送るか」がありました。

そこで、日本から中立国に送るにはどうするかという問題が出てきます。

航空母艦「イントレピッド」から脱走した4人（1967年）

一つ想定される輸送手段は、ソ連の船舶を利用することです。そのためには「ソ連が脱走兵を運んでくれるか」を確かめる必要があるのですが、それと同時に「どのようにソ連側の意向を確かめるか」という問題が出てきます。ここで仲介者の役割が重要になります。

1967年10月17日、アメリカ海軍のエセックス級航空母艦「イントレピッド」が横須賀海軍施設に入港すると、停泊中に4人が脱走し、ベ平連がその4人を引き受けました。脱走兵は日本に長くいるつもりはありません。スウェーデンなどを逃亡先と考えていました。

当時ベ平連は、横浜港でソ連極東部のウラジオストックへ向かうソ連の定期船に4人を違法に乗せて、モスクワ経由でスウェーデンに入国させたと言われています。

しかし、ソ連崩壊後に明らかになったソ連側資料によると、**KGBは秘密裏にべ平連側と接触しており、昭和43年はじめ頃には、べ平連側から脱走兵支援のための資金的援助の要請があったそうです。**

ただし、KGB側は「反米プロパガンダ活動の拡大と脱走アメリカ兵を助けるため、必要なら物質的なサポートなどは行う。しかし、**ソ連の有する手段を用いて脱走兵を移送することはできない**」と回答するよう共産党中央委員会に提案していました。

要するに、ソ連は第三者の動きで米ソ関係が悪化することを警戒していたのです。

このように「ソ連の有する手段を用いて脱走兵を移送することはできない」がKGBの立場でしたが、一方で4人の脱走兵は、べ平連によってソ連の定期船に乗せられ、モスクワ経由でスウェーデンに入国したとされています。

史実はどうなっているのでしょうか。

ここに一人のアメリカ人が関与しています。

彼は東京でKGBの人間と交渉し、「脱走兵を貨物船に乗せてくれるか」と問いました。

しかし、これは断られます。KGB側の対応は上記の「ソ連の有する手段を用いて脱走兵を移送することはできない」という方針に合致しています。

そこで、彼は次のように問いました。

「我々はソ連側が察知することなしに、うまく4人をソ連の貨物船に乗せる。彼らは隠れている。しかし当然そのうち、船内で彼らは見つかるだろう。ここからが相談だ。見つけた時、貴方たちは船を日本に引き返すか。つまり4人を日本の官憲や米軍に渡すか。それとも引き返すことなく、そのままソ連の港に行くのか」

ＫＧＢの人間はこう答えました。

「彼らを見つけても、船は途中で引き返さない。予定通りソ連の港に着く。4人はソ連に上陸することになろう」

こうして**米国の人間とＫＧＢの合意のもと**に、4人はウラジオストックに着きました。

このエピソードは私がとある筋から聞いた話です。おそらく本書で初めて活字になるのではないでしょうか。一次情報です。べ平連も「米国人が仲介した」ことは言いたくなかったでのしょう。

「真珠湾攻撃の父」メーネルトとの対話

外務省は1960～1970年代、共産主義研究に秀でた人を招き、彼らの見解を学びました。

私が分析課にいた時には、共産圏の専門家クラウス・メーネルト（1906～1984、ドイツ人）が招かれています。私は彼の地方旅行に同行しました。

メーネルトは1934年からドイツの新聞のソ連特派員を務め、1936年に「ロシア人に同情的すぎる疑い」でミュンヘンの記者法廷で尋問を受けます。無罪を認められたものの、職を追われました。その後は米国に移り、バークレーで政治を教え、1941年までハワイ大学マノア校で政治を教えました。

彼はハワイ大学にいる時に米軍の動きを追跡します。当時米軍は「外国が攻める、これを米軍が防衛する。それでどうなるか」という演習を行っていました。

メーネルトは**「外国軍がハワイにおける米軍を攻撃した場合、ほぼ確実に米軍を撃破できる」という結論を見出し、これをドイツの地政学誌に発表しました**。これもあって、真珠湾後、米国の一部がメーネルトを「真珠湾攻撃の父」と呼んだそうです。

私がメーネルトに会った際、彼は次のように述べました。

「自分が〝真珠湾攻撃の父〟に相応しいのか否か、どちらでも高い確度を持って証明してくれれば多額の懸賞金を出すことにしている。だが誰も証明してこない。真珠湾攻撃の前、日本とドイツは緊密な関係にあった。日本の軍部は必ず自分の論文を読んでいるはずだ。それが真珠湾攻撃を考える時、影響を与えた可能性がある」

彼はさらに「戦前日本に行くとゾルゲの家に泊まっていた」とも述べました。

余談ですが、その時、私は「真珠湾攻撃であれ、ゾルゲ事件であれ、未知の部分がある。時間ができたら調べてみよう」と思いました。とは言え、外務省にいる時にはなかなか時間がありません。ようやく時間ができたのは退官してからです。実は当時メーネルトから聞いた言葉が拙著『日米開戦の正体　なぜ真珠湾攻撃という道を歩んだのか』（祥伝社、２０１５年5月）、『日米開戦へのスパイ　東條英機とゾルゲ事件』（祥伝社、２０１７年7月）につながっていきます。

さて、２０２１年6月、アメリカの国立第二次世界大戦航空博物館（the National Museum of WWII Aviation）は「米海軍が真珠湾攻撃を想定した演習を攻撃の18カ月前に実施（U.S. Navy Exercise Simulated Pearl Harbor Attack 18 Months Before It Happened）」と題する記事を発表しました。

その中で「１９４０年4月と5月にハワイ沖で海軍演習が行われ、ここでは攻撃側（日本）が“Purple”軍、米国側が“Maroon”軍を演じた。その演習はどちらが勝利するかを調べるものではなかった」と記述しています。

２０２１年になってようやく専門誌が真珠湾攻撃の前に米軍で行われていた“Purple”対“Maroon”の軍事演習の存在を記載しているのです。しかし、**「外国軍がハワイにおける米軍を攻撃した場合、ほぼ確実に米軍を撃破できる」というメーネルトの出した結論は、今でも米国のしかるべき機関では書けない**のでしょう。私はメーネルトが述べていることが正しいと思います。

フレデリック・フォーサイス著『ジャッカルの日』

フレデリック・フォーサイスの代表作『ジャッカルの日』はアメリカ探偵作家クラブが授与するエドガー賞の長編賞を1972年に受賞しています。早川書房の『ミステリマガジン』アンケートをもとに、1992年10月に発行された書籍『冒険・スパイ小説ハンドブック』で発表された人気投票の集計結果では、本作が謀略・情報小説部門における第1位です。

暗殺者の中にも、この小説を愛読した者が多くいます。

1970年代から1980年代にかけて活動したテロリスト「カルロス（1973年から1984年にかけて14件のテロ事件に関与し、世界中で83人を殺害）」は、遺留品の中に『ジャッカルの日』があったことから、英国の有力紙ガーディアンはカルロスを「ジャッカル」のあだ名で呼ぶようになりました。

イガール・アミル（1995年）

イスラエルのイツハク・ラビン首相を1995年に暗殺したイガール・アミル、アメリカのジョージ・W・ブッシュ大統領を2005年にグルジアで暗殺しようとしたウラジミール・アルチュニアンもこの本が住宅にあった

イツハク・ラビン（1994年）

ことなどから熱心な読者であると言われています。

ラビン暗殺に関してブリタニカは「1995年11月4日にテルアビブのイスラエル王広場（後にラビン広場に改名）で行われた大規模な平和集会後のイスラエル首相ラビンの射殺事件。ラビンは、オスロ合意に激怒していたユダヤ人過激派イガル・アミルによって殺害された。オスロ合意では、ラビンは、1967年の六日間戦争で占領した領土の一部をパレスチナ解放機構（PLO）に譲渡することに同意した。アミルは2発の弾丸を発砲し、ラビンに命中した。1発の銃弾がラビンの背中に刺さり、脾臓が破裂し、左肺に穴が開いた。もう1つは胸郭に入り、右肺を通過した。その夜、ラビンは亡くなった」と記しています。

アルチュニアンのケースについて米国FBIは「2005年5月10日、ジョージ・W・ブッシュ大統領はジョージア（国）を訪問し、演壇に立ち、話し始めると、男はピンを引き抜き、演壇の方向に手榴弾を投げつけた。手榴弾が落ちたのは、ローラ・ブッシュ大統領夫人、ジョージア共和国大統領夫妻、その他の当局者らが座っていた場所からわずか61フィートの地点だった。幸いなことに、手榴弾は赤いハンカチにしっかりと巻き付けられていて、撃針が十分に早く展

フレデリック・フォーサイス（2003年）

開できなかったため、爆発することはなかった。ジョージアの治安職員が手榴弾をすくい上げ、その場から撤去した。男は大勢の群衆に溶け込んで消えた」等を記載しています。

『ジャッカルの日』はこれだけ反響を呼んだ本です。

ではこの本が書き上げられた時、出版社は熱狂的に受け入れたのでしょうか。

いいえ、受け入れてはいないのです。

フレデリック・フォーサイスは『アウトサイダー　陰謀の中の人生』で次のように記しています。

「**四社に申し込み、三社に断られた**。一社はこちらから申し込みを取り下げた。『ジャッカルの日』は最初の章で、ド・ゴール暗殺の話がテーマだと提示される。しかしその大統領が生きていることは誰でも知っている。結果はわかっている。計画は失敗するのだ」

確かに、普通に考えれば、失敗に終わるとわかっている暗殺計画の物語を読みたいとは思いません。

しかし、これは**テロの専門家、諜報の専門家になればなるほど評価される類の本**です。もっとも、その「専門家」の中には、上記のような暗殺者も含まれるのですが。

この本が出版されて40周年後、2011年6月、英国「ガーディアン」紙は「The Day of the Jackal – the hit we nearly missed」と題する記事を掲載しました（訳は引用者）。

『ジャッカルの日』（1973 年）©Album ／アフロ

「今月は小説の出版40周年を迎える。『ジャッカルの日』は、ジャック・ヒギンズからケン・フォレット、トム・クランシーからアンディ・マクナブまで、一世代のスリラー作家に影響を与えたと言っても過言ではない。

以前は、スリラーは想像力の産物であった。フォーサイスはすべてを変えた。**人気小説家が現実の生活と見分けがつかないような世界を創造したことはかつてなかった。**彼のデビュー作にはドキュメンタリーのようなリアリズムがあり、大衆はノンフィクション作品を読んでいるとしか思えなかった」

【第五章】

ロンドンに勤務

1976～1978年

ハイゲートに住む

1976年から在英大使館勤務となります。住居は前任者から引き継ぎました。ロンドンの東北部ハイゲートに位置し、自らを「村」と呼ぶ独特のコミュニティです。

私たちが住んでいた時の村長は、20世紀で最も偉大なヴァイオリン奏者の一人と言われるユーディ・メニューインです。歌手のロッド・スチュワートもここで生まれ育っています。文化人にとって、ここに住むことが一種のステータスを生む、そういう居住地でした。ちなみに、ハイゲートの墓地にはカール・マルクスが眠っています。それもあってかソ連の通商代表部がありました。

当時、私の妻は英語の個人レッスンを受けていました。ある日、女性教師が私に相談したいと言ってきました。相談内容は次のようなものです。

「私はソ連の通商代表にも英語を教えている者です。実は最近MI5（イギリスの国内治安維持を担当する情報機関）が私の所に来て、ソ連の通商代表に〝こういう質問をしてほしい〟と言ってくるのです。私はどうしたらいいでしょう」

私は「それは貴方が決めることだから私には助言できない」と断りました。

しかし、彼女は「貴方には何となく諜報関係の匂いがする。だから助言をほしい」と食い下がります。

彼女は元々英国の地方の出身で、米国空軍の軍人と結婚し、離婚後王室に出入りする人と再婚していました。

私は彼女に「貴方が強い愛国者ならMI5との関係を続けていいですが、これはあまりにも危険です。通商代表に英語を教えるのはやめなさい。**こんなゲームに参加するのは危険すぎる**」と回答しました。

彼女は「でも彼は魅力的な男性ですので……」と言います。

私は「貴方が会いたいのならしょうがない。でも危険ですよ。貴方が想像しない展開になるかもしれない。私ならやめます」と言っておきました。

数年後、「ソ連の元在英国通商代表が英国に亡命した」と報道されました。彼女が教えていた人であるか否かの確証はありません。いずれにせよMI5の作戦が成功したようです。

ソ連のスパイだった「デイリー・テレグラフ」記者

在英大使館での私の担当は英国の対外政策でした。ソ連・東欧の動向が重要な対象です。もちろん英国外務省がどう考え、どう動くかが一番重要ですが、英国内でのソ連の専門家の見方も日本外務省の参考になります。

この対象者の中に「デイリー・テレグラフ」紙のデヴィッド・フロイド氏がいました。私は時々、彼のソ連に対する分析を聞いて東京に報告しました。温厚な人柄で、一緒に食事をしていても、違和感はありませんでした。

私が英国を離れて以降、接触はありません。この本を書くために過去に接点を持った人々をチェックしました。すると驚いたことに、**彼がソ連のスパイであることが2018年2月25日、暴露されていました。**

・インデペンデント＝「元デイリー・テレグラフ記者が〝共産主義ロシアのスパイ〟」
・デイリー・メール＝「1950年代にデイリー・テレグラフ記者になった元外交官が、国家機密をモスクワに送ったことを認めた」
・ザ・タイムズ＝「デヴィッド・フロイド：許され、忘れ去られた裏切り者」

これらの記事の内容を整理してみます。

・1930年代に学生だったフロイドはオックスフォード大学共産党支部の書記を務めてい

た。彼は1939年にオックスフォード大学の共産主義者ジョーン・ダブスと結婚した。彼の学生時代の急進主義は「若者の無分別」に過ぎないとして起訴が却下されたと伝えられている。

・戦時中、英国軍事使節団の通訳として1944年モスクワに派遣された。その後、フロイドは流暢《りゅうちょう》なロシア語を話し、英国大使館で働いた。1944年から1947年まで外交官としてモスクワで勤務した。「非常に低レベル」な機密をロシア人に渡した。

・フロイドは1951年スパイ容疑を自白した。彼は当時在ユーゴスラビア大使館に勤務していた。

・明確な自白があるにもかかわらず、検察長官は刑事事件を裏付けるには証拠が「明らかに不十分である」と宣言したと言われている。

・フロイド氏が自白する数週間前に「ケンブリッジのスパイ」であるバージェス氏とマクリーン氏がソ連に逃亡していたため、イギリス側は全てをもみ消したかったのではないか。両名の亡命で米国情報機関は「非常に動揺」し、英国に「クリーン・ハウス」を要求した。当局は、今度は（ケンブリッジ大学に加えて）オックスフォード大学の卒業生までスパイであることが暴露されると、（米英情報分野での）「特別な関係」を損なうかもしれないと懸念したかもしれない。

・「外務省がフロイド氏の裏切りを秘密にして、彼を英国政府の二重スパイに仕立て上げた」という可能性も高い。
・MI6で働いていた「デイリー・テレグラフ」紙の副編集長マゲリッジ氏から共産主義をフォローする仕事を与えられた。ユーゴでの取り調べ後帰国し1年も経たないうちに、テレグラフ社で働く。
・フロイドは、右翼新聞とみられている「ザ・テレグラフ」で共産主義担当して30年近くを過ごした。
・1960年代のフロイド氏のスクープの中には、スパイのキム・フィルビーがモスクワに逃亡した後、KGB英国デスクの顧問として働いていたことの暴露がある。
・フロイドは共産主義の容赦ない敵という評判を確立していた。
・**彼のソビエトへのスパイ活動は生前決して公表されなかった。1997年にフロイドが83歳で亡くなった時、彼の死亡記事では彼を「フリート・ストリート（新聞社が集中している場所）で最も知識のあるクレムリン学者の一人」と称賛した。**
・彼はプロヒューモ事件（1963年、ハロルド・マクミラン保守党内閣の陸軍大臣ジョン・プロヒューモがソ連とつながりのあるコールガールに国家機密を漏らした事件）にも関与している。

私自身フロイド氏に何回か会っています。

少なくとも彼は当時、英国報道界で最もソ連事情に精通している人物との高い評価を得ていました。加えて、彼の勤務していたのは保守系、ソ連との強硬な対立を主張する「デイリー・テレグラフ」紙です。彼が英国国防省のみならず、米国国防省とも緊密な関係を持っていたことを私は知っています。

だとすると、**フロイド氏をめぐり、英・ソ・米の間でどういうゲームが展開されていたのでしょうか**。

英国諜報機関は「彼がソ連と関係を持っていた」という切り札を持って、反ソ記事を書かせていたのでしょうか。

ソ連側は単に傍観していただけなのでしょうか。

私のフロイドに対する評価は次のようなものです。

まず、彼のソ連に関する記事は当時のソ連に関する報道の中で最も客観的であったと思います。この中でソ連は、あまたのソ連報道の中で客観的報道の姿勢を貫くフロイドの報道を好意的に受け止めていたのではないか。つまり、彼に下手な工作をする必要はないと見ていたのではないでしょうか。

私は彼との交友の中で、彼が何かの力を受けて変容していると感じたことはありません。ソ連の知識人たちもあまたのソ連報道の中で客観的報道の姿勢を貫くフロイドを好意的に見ていたと思います。ここには多分交流があった。英国諜報機関MI6もこうした交流で入ってくるソ連情報を歓迎していたのではないか。

つまり、**フロイドが双方の情報機関の影響を受けることなく活動していることが、双方の情報機関にプラスと判断されていた**のではないかと思っています。

世界的に名声を得た作家アナトリー・クズネツォフの〝裏切り〟

ソ連において、文学は戦いです。

主な戦いは、西側対ソ連です。この枠組みに入ってしまうのです。

その戦いの担い手がスパイたちです。

戦いの戦場の一つに文学という場があるのです。それは決して小さな戦場ではありません。スターリン批判後に躍進した代表的作家の一人にアナトリー・クズネツォフという人物がいます。

クズネツォフは1929年、キーウ生まれ。父はロシア人、母はウクライナ人です。作家になる前には、バレエ、演技、芸術、音楽を学び、大工や労働者としての職を見つけ、イルクーツク等の水力発電所で働いていました。1966年、第二次世界大戦中の体験をもとに、キーウにおけるナチスの暴虐を暴いた小説『バビ・ヤール』を発表すると、これが世界的に好評を博し、作家として確固たる地位を築きます。

1968年にチェコ事件が起こると、クズネツォフはソ連に未来はないと失望しました。そして、ドイツでトーマス・マンが亡命したように（1933年1月ヒトラーが政権を握ると、兄と共にドイツ・アカデミーを脱退。2月、夫婦でスイスに講演旅行中にベルリン国会炎上事件が起き、ミュンヘンにいた長男から助言を受けてそのままスイスに留まる）、あるいはベルトルト・ブレヒトが亡命したように（国会議事堂放火事件の翌日、ユダヤ人であった妻と長男を連れてプラハ行きの汽車に乗り込んだ）、彼もまた亡命を考えます。

しかし、**当時ソ連の人間が海外に出るには、よほど政府あるいはKGBの信頼がない限り不可能です。**

では、どうすれば、KGBの信頼を得られるのでしょうか。クズネツォフはどうやってそれを手に入れたのでしょうか。

KGBの密告者になったのです。

密告の対象者の中には『星の切符』の作者アクショーノフや詩人のエフゲニー・エフトゥシェンコも含まれていました。

クズネツォフは、密告者になることでＫＧＢの信頼を得て、ロンドン行きが可能になったのです。

こうして、裏切りによって得たロンドンでの生活が始まりました。

ところで、クズネツォフは14歳の時から戦争時の回想を書き始め、証言や資料を集めて書きためていました。イギリスへ亡命する際には、未検閲原稿の35ミリ写真フィルムを持ち出すことに成功し、１９７０年に未検閲英語版を西側で出版しました。これは検閲で削除された文章が逆に太字で印刷されています。つまり、当時ソ連で「どのような表現をしてはならないか」が浮き彫りにされている貴重な資料になっているわけです。

私は先述の「イリー・テレグラフ」紙のデヴィッド・フロイドに紹介されてクズネツォフに何回か会ったことがあります。

彼は英国に亡命して幸せだったでしょうか。

確かに、相当高額の印税を得ていたと思います。しかし、彼は全く幸せではありませんでした。

まず、作家なのに書けない。ソ連を離れて、書くテーマが見当たらないのです。書く意欲が出ない。ソ連にいるからこそ、ソ連批判に意味があります。戦う意味があります。しかし、ソ連を離れた所でソ連批判を書いたところで、それに何の意味があるでしょうか。

クズネツォフは、モスクワでは芸術家と熱い議論を戦わせていました。イギリスに亡命後、クズネツォフが住んでいたのは、映画や音楽などの関係者がたくさんいるハイゲートです。しかし、彼らと何を話せるというのでしょう。共通のテーマはありません。

アナトリー・クズネツォフの小説『バビ・ヤール』の若き英雄を記念したサイン。キーウ、クレニフカ

セルゲイ・ラフマニノフ（1919 年）

そもそも、ロンドンでの生活は、〝裏切り〟によって手に入れたものです。そこで何が書けるというのでしょうか。

音楽家のセルゲイ・ラフマニノフはロシア革命後、米国に亡命しましたが、ロシアを離れてからはあまり曲を作らなくなりました。「何故作曲をしないのか」と人に尋ねられると、「もう何年もライ麦のささやきも白樺のざわめきも聞いてない」と述べたといわれています。

クズネツォフはポーランド人と結婚していました。妻は若い美人です。彼女の兄弟はポーランドの外交官だといいます。モスクワ経験のある私には、この結婚があまりに危険に思われました。

ポーランドの外交官がモスクワの指令を断ることがで

きるでしょうか。

若い美人が、腑抜け状態になったロシアの亡命者と何故結婚するのでしょうか。

「危険性を凌駕する美しさに惹かれたというなら、それも一つの人生だ」と私は思ってこの二人を見ていました。

アクショーノフ著、青春群像劇『星の切符』

私はもう何年か、週刊誌「エコノミスト」に書評を書いています。「日本の普通の学生に、①ソルジェニーツィン著『収容所列島』と②チェーホフの作品と③アクショーノフ著『星の切符』のうち一冊を推薦するとしたらどれにしますか」と問われれば、**私は躊躇《ちゅうちょ》なくアクショーノフの『星の切符』を選びます**。『収容所列島』は収容所という極限の舞台の話だし、チェーホフの舞台は現代ではありません。

『星の切符』は１９６１年に「青春（ユーノスチ）」誌に発表されたアクショーノフの長編小説です。１９６０年代ソ連の新しい文学の誕生を告げる画期的作品と位置づけられています。

舞台はモスクワで、兄弟が主人公の物語です。

兄ビクター（28歳）は科学研究所で働く「宇宙医師」で、親が望むような人生コース「学者として名を成す」を歩んでいます。

弟ディムカ（17歳）は親が兄をモデルに生き方を押し付けるのに反発し、やや不良っぽい連中と4人でつるむようになります。

この4人組はヒッチハイクでターリン（エストニア）に行くことを決めますが、金がなくなり、漁業コルホーズで働くことになります。この4人組の中にはガーリャという少女がいます。ディムカとガーリャは恋仲になります。だがガーリャは著名俳優の誘惑に乗ってしまいます。しかしガーリャはあっけなく著名俳優から捨てられ、ディムカのもとに戻ろうとします。ディムカはどうするでしょう。「あんな俳優のところに行ってしまった貴方をもう一度好きになれるわけがないだろう」と突き放すでしょうか。

ワシリー・アクショーノフ（1980年）

ディムカはガーリャを受け入れます。この展開はなんとなくチェーホフの作品に通ずるものがあります。

物語は弟ディムカを中心に描かれていますが、作家の最大の焦点は兄ビクターの生き方でしょう。

研究所の所長から与えられたテーマの研究が進み、修士論文審査を確実に合格できるところまできました。これに通れば新進学者の将来が保証されます。

しかし、彼は自分でテーマを見つけて研究し、一つの結論にたどり着いていました。その結論は従来の定説に反するものです。それを発表すれば研究所にいることも危うくなります。結局ビクターは研究発表の場で自説を述べ、次のように締めくくります。

「新しいもの――それはリスクであります。だが、それが何でしょう？　もし我々がリスクを冒さなければ、我々が携わっている研究はどうなるでしょう？　我々の研究はその場で足踏みをしていることを許しません。我々の研究所は学位論文製造工場ではありません」

この科白《せりふ》こそ、アクショーノフがこの本で追求したかったことでしょう。彼は明らかに文学の世界の閉鎖性を意識して書いています。ただ、物語では、兄ビクターが研究中に飛行機事故で死ぬという形で、未解決にしています。

アクショーノフがこの小説を書いたのは1960年、28歳の時です。兄ビクターの設定も28歳です。**戦うべきか、戦いを避けるか。その逡巡がテーマ**です。

この作品は大変な論争を呼び、なかには強い非難の声もありました。

文学界はこの作品に危機感を感じ、「小説のイデオロギー的基盤（＝ソ連体制への賛美）が弱い」と攻撃します。この本の出版に関与した「青春（ユーノスチ）」誌の出版物編集長カタエフは1961年に解任されました。

それにとどまりません。

アクショーノフをめぐり、西側とソ連の戦いが繰り広げられました。

ソ連がアクショーノフを歓迎できる社会だったら、「ソ連」は生き延びられたでしょう。

1980年7月22日、アクショーノフは米国から招待を受けてソ連を離れ、そのまま米国に留まりました。

ソ連崩壊後、彼の作品は再びロシア国内で評価されるようになりました。アクショーノフはフランスとロシアを行き来する生活を行い、2009年、76歳でモスクワにて死去しました。

彼もまた、亡命先ではなく、モスクワを死に場所にしています。

Zの動向

政治と官僚の力関係は微妙です。

理想的な姿は「大方針は政治が決める」、「その方針を官僚機構が具体化する」というものでしょう。英国はこの姿に近いものがあります。

英国外務省の官僚機構は充実していました。世界各地の主要な動きを次官が統括しますが、全体を統括するには次官の時間が足りません。そこでそれを補佐する、次官秘書官に大きい権限を与えています。

次官との協議を必要とする幹部は通常、事前に秘書官と会い、会談の趣旨を伝えます。秘書官はこれを紙にまとめ次官に提出します。つまり、重要案件はまず次官秘書官を通るわけです。従って、その世代の最優秀者が次官秘書官になり、通常、彼は将来の次官となります。

陸軍学校時代の同僚、ジョン・カーがこのポストに就いていました。当然、多忙です。私はこのルートは極めて重要だと思う時にだけ使うことに決めていました。実際に使ったのは、1977年5月のロンドンでの先進国首脳会議の時だけです。

このようにジョン・カーが英国外務省で最先端を走っていた一方、同じく陸軍学校時代の同僚Zもロンドンにいました。

何の仕事をしているのかと聞くと、さえない表情を浮かべています。ただ、個人の生活は充実しているようで新居を買っていました。立派な庭付きの家です。

私もその家に呼ばれました。彼は寝室も含め、全ての部屋を見せてくれました。寝室に入れてもらった時は、こちらが何か落ち着かない気分になりました。

【第六章】

再度モスクワ

1978～1980年

アナトリー・クズネツォフの死

モスクワに赴任する前、前述のアナトリー・クズネツォフに会いました。「私はモスクワに行く。貴方の知人で貴方の動静を心配している人がいるでしょう。貴方の近況を伝えてあげます。誰かいますか」

私がそう聞くと、彼は「誰もいない」と答えました。

当時の私も彼が亡命に至った事情は若干知っていました。

彼は密告者として同僚を裏切っています。そして、ソ連はクズネツォフの亡命以降、激しいクズネツォフ批判のキャンペーンを行いました。彼の密告は表に出ました。だから、逆にモスクワには、彼を信頼する人はいません。彼にはもはや、モスクワに友人はいなかったのです。友人と言えばロンドンにいるデヴィッド・フロイドだけでした。その分、フロイドへの信頼は厚いものがありました。

クズネツォフはロンドンへ亡命する際、同行していた監視のKGBがイギリス女性に関心を持ち、ロシアで禁止されているヌード劇場に行きたそうなのをみて、「私が街に出て下調べをしてくる」と言って監視を外しました。しかし、クズネツォフは英国の警察には駆け込みませんでした。彼はモスクワでKGB筋から、KGBが依然英国の防諜機関に入り込んでいるのを聞いていたからです。下手に警察に行けば、こうしたKGBの協力者がどう動くかわかりません。そこで、彼はフロイドに電話をかけ、彼の仲介によって亡命しました。フロイドがもはやKGB側にいないことを知っていたのです。

さて、モスクワで自分の近況を伝えてほしい人は「誰もいない」と私に答えたクズネツォフですが、しばらくして「一人いる」と言って演劇関係者の名前を教えてくれました。

とは言え、私は、モスクワ到着直後はソ連側の監視が強いと思い、すぐにはこの演劇関係者を訪れませんでした。

しばらくして、西側報道機関がクズネツォフの死を報じました。1979年6月13日のことです。

私はクズネツォフが死亡したことを、この演劇関係者に伝えました。彼は約20分ぼろぼろ涙を流して泣いていました。

「クズネツォフは殺されたと思うか」と聞かれたので、状況を説明した上で「ありうる」と答えました。

また、彼は涙を流しました。

KGB時代のプーチン（1980年）

1960〜1970年代、KGBとの関係で「私は全く密告していない」「私は潔癖だ」と言えるソ連の知識人・文化人がどれくらいいたでしょうか。

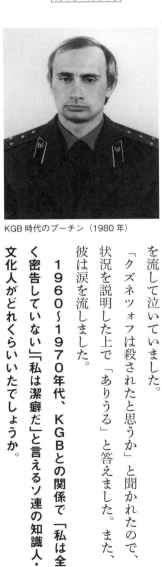

この演劇関係者はクズネツォフの密告を知っていたのですが、ボロボロと涙を流しました。

私は、彼とは交流を続けたいと思いました。でも、私が彼のもとを訪れれば、「敵側」の人間との交流になります。当然、ＫＧＢにも目をつけられます。私には「大使館」という守りがありますが、彼にはありません。

私はそれ以降、彼を訪問しませんでした。

世界は「陰謀論」的要素で動いている

１９７０年代末から１９８０年にかけての西側の人々の一般的な感覚とは異なりますが、当時モスクワにいた私は**「ソ連は追い詰められている」**との印象を持っていました。

一つには、１９７０年代末、（ソ連向けの）中距離弾道ミサイルをドイツに配備する動きがあったからです。

米ソ間には長距離弾道ミサイルの均衡があり、確証破壊戦略（mutually assured destruction, ＭＡＤ：対立する２つの核大国の一方が、他方に対し先制核攻撃をした場合、被攻撃国の破壊を免れた残存核戦力によって確実に報復できる能力を保証する体制。これにより、先制核攻撃を行った攻撃国も、相手の報復核攻撃によって耐え難い損害を受けることになるため、確証破壊戦略が成立した2つの核大国間では、先制核攻撃を理論上は抑止し得る）の均衡がありました。

しかし、ドイツに中距離弾道ミサイルが配備されると、状況は一変します。

例えば、ドイツからソ連に核兵器が撃ち込まれたとします。ソ連はどうすればいいのでしょうか。アメリカが直接関与していないのに、米大陸に核兵器を撃ち込めるのでしょうか。

もっとも、このミサイル構想はドイツ国内の反対で頓挫《とんざ》しました。

もう一つ、当時ソ連が追い詰められているという印象を私に与えたのは、アフガニスタンへの侵攻です。

アフガニスタンに侵攻するソ連軍の部隊（1984 年）

アフガニスタンにおいては1978年4月に軍事クーデター「四月革命」が発生し、ヌール・ムハンマド・タラキがアフガニスタン首相に就任。12月ソ連を訪問し、友好及び善隣条約に署名しました。ソ連がここを押えておけば、タジキスタン、ウズベキスタン、トルクメニスタンなどの中央アジアに西側諸国が揺さぶり

ヌール・ムハンマド・タラキ

をかけるのは難しくなります。こうして親ソ連政権が樹立されましたが、タラキは１９７９年９月アミンの支持者により逮捕・投獄され、10月9日死亡しました。

ソ連は自己の勢力圏が犯されたとして１９７９年12月、アフガニスタンに侵攻しました。この時、私は世界経済国際関係研究所（ＩＭＥＭＯ）に出かけて、対応に出た副所長に、①西側はアフガニスタンにソ連軍を引きずり込ませている、②この戦争は簡単に制圧できない、③引きずりこませるために、罠を仕掛ける。それがアミン暗殺だ、④日本も真珠湾に最初の一発を撃つように誘導されて破滅に向かった、④ソ連軍がアフガニスタンに留まれば、泥沼に陥ることになる、と述べましたが、理解してはもらえませんでした。「日本の真珠湾攻撃は罠にはまったもの」という発想はまず誰もしません。

ここから米ソの均衡が崩れ始めます。

それまで米国は「封じ込め戦略」をとっていました。一見タカ派的戦略のように見えるがそうではないのです。

「ソ連は様々な問題を抱えている。長期的には崩壊する。ソ連が外に対して悪さをしないようにすればいい」という考えです。この「封じ込め戦略」の構築者の一人、ジョージ・ケナン

ジョージ・ケナン（1947 年）

は1946年に発出した「The Long Telegram（長文電報）」の中で「ソ連の権力はヒトラーのドイツにおけるそれとは異なり、体系的でも冒険的でもない。それは、決まった計画によって動くわけではない。無用な危険を冒すわけでもない。理性の論理には鈍感だが、力の論理には極めて敏感である。従って、どこかで強い抵抗にあえば容易に撤退し得るし、大抵はそうするのである」と指摘しています。

しかし、この考えは次第に後退しました。ソ連は弱い。揺さぶれば崩壊する。従って「積極的に揺さぶろう」という考えが米国内で強くなります。主導したのは、ジミー・カーター米大統領の安全保障担当補佐官ズビグネフ・ブレジンスキーです。ブレジンスキーは極めて強い反ソ連主義者です。

私の「米国はソ連をアフガニスタンに誘導したのではないか」という見方を取る人は日本ではほとんどいなかったと思います。しかし、その視点は、国際的にみると、かなり有力な見方でした。

英国「ガーディアン」紙はブレジンスキーの死去に際し「ブレジンスキー追悼（Zbigniew Brzezinski obituary)」を掲載し、そこでソ連軍のアフガニスタン侵攻に関して**「ブレジンスキー**

ズビグネフ・ブレジンスキー（1977年）

は、長期的にソ連の利益に損害を与えると考えて、実際にソ連の侵略を奨励したとも示唆されている」と記載しています。

こうした記事を日本のメディアは書けるでしょうか。決して書けません。「陰謀論」としてはねのけられます。しかし、**世界は「陰謀論」と言われる要素をもって動いている**のです。

ブレジンスキーが「ソ連の侵略を奨励した」ならば、その裏にはＣＩＡ、ＭＩ６の出番があったことでしょう。

さらにもう一つ、**当時のソ連が追い詰められていた事実を端的に示すのがオリンピックのボイコット**です。

カーター米大統領が１９８０年1月にボイコットを主唱し、日本、西ドイツや韓国がそれに追随しました。加えて、１９６０年代以降ソ連と対立関係にあった中国やイラン、サウジアラビア、パキスタン、エジプトなどアフガニスタンでムジャヒディン（ジハード戦士）を支援するイスラム教諸国、及び反共的立場の強い国など50カ国近くがボイコットを決めました。

イギリスではボイコットを指示した政府の意向に反して、オリンピック委員会が独力で選手を派遣しました。フランス、イタリア、オランダなど7カ国は競技に参加しました。

これにより少なくとも、オリンピックは「戦争状態を緩和する催し」ではなく、「政治の武器」になりました。

事前に日本の男子マラソンの選手がモスクワに来ていました。実に寂しそうな姿でした。この時代は、日本選手のマラソンでの金メダルの可能性は高いとみられていた時です。

「トビリシ毒ウォッカ事件」

1980年3月30日、「読売新聞」は一面にて「毒入りウォッカ？ 駐ソ武官飲まされる」として次のように報じています。

「在モスクワ日本大使館の武官が今月上旬ソ連南部のグルジア共和国首都トビリシに旅行し、レストランで食事した際、毒入りとみられるウォッカを飲まされて意識を失う事件が起こった。そのウォッカを注いだ男はソ連の情報部員と信じられている。

平野武官がウォッカを飲んだところ、強烈な吐き気とめまいに襲われたため、トイレに飛び込み吐き出したが、その後、気を失った」

「日経新聞」も同日に「外務省としては、自衛官スパイ事件摘発に対する〝いやがらせ〟ではないかとの見方が強い」と報じました。すなわち、「トビリシ毒ウォッカ事件」は「宮永事件」（宮永幸久元陸将補が在日ソ連武官に情報提供していた事件）の報復という説が最有力だったわけです。

しかし、私はその説は採りません。

宮永事件に関与したソ連大使館のコズロフ大佐には出頭要請があったものの、外交特権があり、ソ連に帰国しました。宮永事件ではコズロフに肉体的危害が加えられたわけではありません。ソ連側の被害は、スパイ工作が失敗し暴露されたというものです。

スパイの世界には暗黙のルールがあります。

「目には目を」です。

だいたい、このルールでゲームが進んでいます。

他方「トビリシ毒ウォッカ事件」は在ソ連日本大使館の自衛官に肉体的危険を与えた事件です。相似性はありません。

つまり、**より広い図式の一コマとして、この事件を見る必要がある**というわけです。

アフガニスタンへの軍事侵攻で、当時中央アジア・コーカサスには緊張が起こり、特に民族的、宗教的不安定が生じていました。

前述の通り、カーター政権の安全保障担当補佐官であるブレジンスキーは、ソ連のウイーク・

ポイントである中央アジアやコーカサス地方で、ソ連を揺さぶることを考えていました。そして、この時期、西側の外交官（武官を含む）は中央アジア・コーカサス地方を訪問する機会を増やしています。

当然、ソ連はこの地域に対する西側諸国の工作を警戒しました。日本大使館員以外にも、西側大使館の中央アジア・コーカサスへの動きに「いやがらせ」とみられる事件が幾つか生じています。

「トビリシ毒ウォッカ事件」の舞台となったグルジアは、古来より独自の文化を形成してきており、旧ソ連では最も独立を望む共和国の一つでした。**日本の駐ソ武官がその地で毒を盛られたのは、こうした西側の動きへの警告**であったと思います。

グレアム・グリーン著『ヒューマン・ファクター』

「ケンブリッジ・ファイヴ」をご存じでしょうか。

１９３０年代にイギリスの名門ケンブリッジ大学で学び、在学中にソ連にリクルートされた５人のスパイです。彼らは大学卒業後、ＭＩ６や外務省に在籍しながら、ソ連側のスパイとして活動していました。次の５人です。

・キム・フィルビー（1912〜1988）：「ケンブリッジ・ファイヴ」の中心人物。MI6の次期長官候補と目されたが、スパイ容疑をかけられMI6を去る。1961年、米国に亡命した元KGB工作員により身元を暴露され、1963年1月、ソ連に亡命した。

キム・フィルビー ©CAMERA PRESS/アフロ

・サー・アンソニー・ブラント（1907〜1983）：イギリス王室美術顧問。エリザベス皇太后のいとこ。自身がスパイであることが発覚した後、複数のスパイの身元を暴露することで身を守り、英国に留まり続けた（15年間はスパイであることを非公式にされるとともに訴追免責の特権を与えられた）。晩年、ソ連のスパイだったことは「人生最大の間違い」と供述。

アンソニー・ブラント ©Shutterstock/アフロ

ガイ・バージェス ©TopFoto/アフロ

ドナルド・マクリーン ©TopFoto/アフロ

・ガイ・バージェス（１９１１〜１９６３）：外務省に勤務し、情報部に所属。１９４５年には外交担当大臣のアシスタントとして働いた。１９５１年にソ連へ亡命するが、現地での生活になじめずホームシックにかかり、飲酒癖が悪化。英国の代表団がモスクワを訪れた際には、母の死に目に遭いたいと英国への帰国を願い出たがかなわなかった。アルコール中毒により52歳で死去。

・ドナルド・マクリーン（１９１３〜１９８３）：自由党の大物政治家の息子。外務省に入り、駐米イギリス大使館の一等書記官などを経て、１９５１年にソ連に亡命。スパイとして活動しているうちに精神的に追い詰められていったが、亡命後にはソ連の生活になじみ、英国外交の専門家として活躍した。

・ジョン・ケアンクロス（1913〜1995）：バージェス、ブラントと共にケンブリッジ大学の秘密結社「アポスルズ（使徒会）」のメンバー。第二次世界大戦中にはエニグマ暗号解読などを行った政府の暗号学校「ブレッチリー・パーク」などで勤務した。「ケンブリッジ・ファイヴ」の一人でないかと疑惑が持たれていたが、起訴はされず。1952年にソ連のエージェントだと発覚。

ジョン・ケアンクロス ©REX/アフロ

「ケンブリッジ・ファイヴ」の基礎には「反ナチ」があり、彼らはそれを背景にしてソ連の協力者になりました。と言うのも、彼らがソ連にリクルートされた1930年代当時、米国はナチに対抗する強硬な姿勢を取っていませんでした。1935年、戦争状態にある国に武器を供給しないという中立法があった程度です。

英仏だけではナチを食い止められません。そうなると、英国内には、ソ連と連携しようとする動きが当然出てきます。第二次世界大戦中はそうした考えの人物が政府内で基礎を固めていきました。

しかし、冷戦の時代になると、ソ連との協力の過去は糾弾の対象となります。とは言え、それを伏せれば、ソ連から暴露を材料にして脅迫されます。

こうした背景があれば、「英国の情報機関にソ連のスパイがいる」という小説が出るのは自然の流れでしょう。

その一つに、グレアム・グリーンの『ヒューマン・ファクター』があります。『ヒューマン・ファクター』は一種の複雑なラブストーリーを絡めたスパイ小説です。ストーリーの詳細は割愛させていただきますが、ソ連の二重スパイとして生きる苦悩や葛藤、ソ連に亡命した後のフラストレーションなども描かれ、現実世界の「ケンブリッジ・ファイヴ」にも通じるものがあります。

「ケンブリッジ・ファイヴ」はソ連に亡命しました。

しかし、彼らはどこまで当時のソ連を政治的に正当化できたでしょうか。

どこまでソ連の社会と一体化できたでしょうか。

私はモスクワに在勤中、岡田嘉子さん（1938年1月、杉本良吉と共に樺太国境を超えてソ連に越境）をパーティの席上か何かで見かけたことがあります。その時思ったのは、「ケンブリッジ・ファイヴ」等と同じく、**ソ連に渡る前と、渡った後の落差の大きさ**です。

そもそも「ケンブリッジ・ファイヴ」はどうして生まれたのでしょうか。

ＭＩ６時代の彼らを直接知っているル・カレは回想録『地下道の鳩』の中でこう記しています。

フィルビーの選択は、当時の左翼にとって、ファシズムと同義であった資本主義と、〝新たな夜明け〟だった共産主義のどちらかの選択を強いられ、共産主義を選んだ。

考えてみれば、この当時経済は大変な不況下にありました。世界恐慌は、1929年9月4日頃から始まったアメリカの株価の大暴落に端を発し、1929年から1932年の間に、世界の国内総生産（GDP）は推定15パーセント減少していました。その悲惨な経済状況を目の当たりにしたこともあって、彼らは「共産主義を選んだ」のかもしれません。

【第七章】

分析課長時代

1983~1985年

課長としての仕事

スパイを含む情報分野には、３つの分野があります。

第一段階：現地での情報収集
第二段階：現地情報を基礎に情勢分析
第三段階：政策決定者に情報提供

第一段階が通常スパイの活動する分野です。

しかし、いかに素晴らしい情報をスパイが入手しても、それが政策決定者、重要問題であれば大統領、首相に届かなければ意味がありません。

第二段階、第三段階が十分に機能しなかった例として指摘されるのは「フォークランド紛争」です。

アルゼンチン側は、イギリスによるフォークランド占有から150年の節目に当たる1983年までには、諸島問題を「いかなる手段」を使っても解決することを目標としていました。1982年、アルゼンチンは「イギリス側に解決の意思がない場合、交渉を諦め自国の利益のため今後あらゆる手段を取る」との公式声明を発表します。

これはアルゼンチン側からの明確な警告でしたが、依然としてイギリス側の反応は鈍く、開戦前夜におけるイギリスの情勢誤認が続きました。３月31日の時点においてすら、合同情報委員会は「アルゼンチンはサウスジョージア問題を逆手にとって交渉の材料にしようとしている」として、サウスジョージア島で挑発してイギリスの行動を誘うことがアルゼンチンの目的だと見ていました。**「よもや先に仕掛けてくることはないであろう」**との判断でした。

フォークランド紛争。冷戦下で近代化された西側諸国の軍隊同士による初めての紛争であり、「兵器の実験場」とも称された（1982 年）

しかし、４月１日、アルゼンチン軍はフォークランドに侵入します。

明らかに情報分野の失敗です。

調べてみると、事前に信頼できる情報はあります。

この分野の研究は、米国の国際政治学者リチャード・ネッド・ルボウ著『フォークランド情報の失敗の再訪(Revisiting the Falklands Intelligence Failures)』をはじめ、ネット上でもたくさん見つけられます。

分析課長になった私は、第二段階（現地情報を基礎に情勢分析）、第三段階（政策決定者に情報提供）に力を注ぎました。

分析課はそれまで「国際情勢分析（週報）」を作成していました。世界各地からくる情報を地域・事項別にまとめて週刊誌のごとく発行していたのです。

しかし、国際情勢は刻々と動きます。一週間前に起こったことなどに、関心はありません。さらに、重要な人物ほど忙しく、時間がありません。そこで、一枚紙の「日報」にしました。当時は認識しておらず、後になって知ったことですが、この方向性はＣＩＡの在り様と同じものでした。ＣＩＡも毎日、大統領用に一枚紙の日報を作成していました。

当時の安倍晋太郎外務大臣も、日報はよく読んでおられました。当時外務省の官房長が大臣に会いに行くと、「しばらく待て、今、日報を読んでいる」と言われたことがあると聞きました。

ちなみに、ＣＩＡは長官の下に工作担当副長官と、情報担当副長官がいます。ＣＩＡが重要判断を行う際にはこの三名が不可欠です。特に情報担当副長官が工作担当副長官と同格であることが凄いと思います。

「国際情報局」設立経緯

１９５０年代、一枚岩と言われた中ソ関係がぎくしゃくしました。

日本の隣国にあたるソ連と中国がどういう関係を持つかは日本にとって極めて重要です。しかし、中国担当者とソ連担当者を議論させてもさっぱりかみ合いません。そうした中で、外務省の幹部が「それなら双方の専門家を一つの部屋に入れてしまえ。少しは相手の言い分も理解できるであろう」と言い出し、分析課が作られました。

外務省の情報分野に対する姿勢がよくわかるので、国際情報局発足の経緯を記しておきます。

中曽根内閣時代、行政改革が推進されました。

この時、通産省などは「外務省は儀典《ぎてん》に徹すればいい。貿易などの交渉は各省庁に任せればいい。具体策として外務省の経済局は廃止すればいい」との論を展開しました。中曽根康弘のブレーンと言われる元通産官僚赤澤璋一氏がその論の急先鋒でした。要するに、縄張り争いです。

これを受けて、外務省では「守勢に回ってもしょうがない」という話になり、情報力の強化策として「国際情報局」の設置に動きます。中心は伊達官房長、坂本総務課長です。国会では秦野章参議院外務委員長（元警視総監）が有力な支援者でした。

当時の主要論点は**「複眼的な情報判断を行う」**です。

別の表現をすれば、**「特定の国際情勢を分析するにあたって単一の見方をしない」**、さらに別の表現をすれば**「政策を実施している部局でない情勢判断も採用する余地を持つ」**ということです。

これには次のような経緯があります。

戦後様々な場面で外務省批判がありました。

最も激しいのは「ニクソン・ショック」です。

1949年から国連では「誰が中国を代表するか」で争われました。すなわち、中国大陸を実効支配する中華人民共和国か、大陸から台湾に逃げた蒋介石政権かの選択です。日米等は台湾の「中華民国」を代表としていました。しかし次第に「中華人民共和国」を代表とする意見が多数になります。

中南海で毛沢東中国共産党主席と握手するニクソン大統領（1972年）

そこで米国は、国連憲章18条の利用を考えます。第18条には「重要問題に関する総会の決定は、出席し且つ投票する構成国の三分の二の多数によって行われる」とあります。
日本は米国の意向を受けて、重要事項への指定に奔走しました。つまり、中華人民共和国が代表になることを阻止する主要メンバーだったわけです。
しかし、1971年7月15日、リチャード・ニクソン大統領が中華人民共和国への訪問を突然宣言し、世界中を驚かせます。当然、中国との国交回復を意図しての動きです。ニクソン大統領はほとんど日本に事前通告を行いませんでした。日本は、いきなり台湾擁護の梯子《はしご》を外された形です。国内から**「外務省は何をしているか」**との批判が起こりました。**実は当時、外務省の中に米中接近を予測する勢力が存在していました。**

三宅和助南東一課課長（三宅雪子元議員の父）、坂本重太郎首席事務官らベトナムを担当するグループです。「ベトナム・グループ」は「ニクソンはベトナム戦争をやめたがっている。その時には武器の支援国である中国の意向が重要だ。だからその交渉のため、米中接近は十分ありうる」と考えていました。そして、このラインで調書を書き、省内に配布する前に、北米局、駐米大使館、中国課に意見を聞きました。

彼らは「絶対にありえない」と主張します。さらに「米中接近ありうべし」という見解を、省外はもちろん、省内幹部に知らせることも厳禁としました。「第三者は黙れ」ということです。こうして「米中接近ありうべし」という調書は課の金庫の中に止めおかれてしまいました。

ニクソンの訪中発表があった時、この「ベトナム・グループ」の中には、**「我々の見解を広めておけば、こんなに激しい外務省批判は起きなかっただろう」**との思いがありました。

そして臨調（臨時行政調査会：行政改革のために内閣総理大臣の諮問機関として設置された審議会。当時は1981〜1983年の第二次臨調）の時、彼らの見方に同調していた中山元駐南ベトナム、駐仏大使が委員でした。中山氏は中曽根首相から厚く信任されていました。一方、外務省では臨調に対処する責任者が坂本重太郎総務課長です。

こうして「複眼的分析をする」を旗印に国際情報局が発足。岡崎久彦氏が局長に、私が分析課長になりました。

しかし、地域を担当する部局からすると厄介な局の成立でした。この少し前ですが、特定課からは「犬と分析課員は課に入るべからず」と言われた時もあります。戦前、上海の黄浦公園にあった「犬と中国人は立ち入るべからず」のコピーです。私が課長時代には、しばしば電話越しにこんな怒鳴り声を聞きました。

「何でXX国に関する分析を首相官邸に流したのか！　XX国に対する我々の外交を邪魔する気か！」

岡崎久彦局長の予測——東欧に大変革が起こる

岡崎久彦氏は次のように述懐していました。

「自分は課長時代、ロシアや中国や北朝鮮の分析を真剣に行った。地域の専門家の意見を聞いて判断をする。でも、間違えてしまう。ある時から、地域専門家の判断を参考にするのを控えた。**まず『（最大の超大国）米国の戦略は何か。特定国、地域がこの戦略にどう関わっているか』を判断するのを最優先した。**それからは分析が当たり始めた」

岡崎久彦（2002 年）© 産経ビジュアル

それを聞いた私は、岡崎局長に「じゃあ、アメリカがどう考えているかをどうして知りますか」と問いました。彼の答えは次のようなものです。

「**一番いいのはアメリカをスパイすることだ**。だがアメリカは同盟国だ。スパイするわけにいかない。アメリカでは、政策をめぐって常に戦いが起こっている。ある時、影響のあった人も時に影響をなくす。一人の人間を見つけていればアメリカの動きについて的確な情報が得られるものではない。ではどうするか。**米国は世論を重視する。外交政策が大きく変わる時にはその政策を支持するように世論工作をする。世論工作の段階で各研究所が動く。**それで自分は、できれば、ロサンゼルス（ランド研究所）、シカゴ（シカゴ外交評議会）、ニューヨーク（外交評議会等）、ワシントンの4地域を回る。この4つが同じ方向を向いていたら、米国はその方向で動くと判断する。本当は年に4回くらい回りたい」

岡崎局長が1984年頃、米国の4地域を回り、共通の認識が示されたのは東欧です。4地域の研究所とも「東欧に大変化が起こる」と岡崎局長に述べました。岡崎局長はそれを安倍晋太郎氏に伝えました。

「ベルリンの壁」崩壊（1989年11月10日）©AP／アフロ

安倍晋太郎氏がある時、岡崎氏に苦情を述べたという。

「貴方の報告を受けて、講演会で『東欧に大変化が起こる』と述べてきたが、何も起こっていないじゃないか」

１９８９年11月9日、「ベルリンの壁の崩壊」という歴史的事件が起こりました。

ハンガリー政府が米国との協力のもと、オーストリアとの国境の鉄柵の撤去を行いました。ワルシャワ条約機構の中では市民は自由に旅行できます。東独国民がハンガリーに旅行に出かけ、そこからオーストリアに渡る。これでもって東独市民が西ベルリンに行くのを阻止する「ベルリンの壁」の意味はなくなりました。

11月9日、東独政府が、旅行及び国外移住の大幅な規制緩和の政令を「事実上の旅行自由化」と受け取れる表現で発表しました。その日の夜にベルリンの壁にベルリン市民が殺到し、混乱の中で国境検問所が開放され、翌11月10日にベルリンの壁の撤去作業が始まりました。「ベルリンの壁の崩壊」です。

確かに岡崎久彦氏の予言した「東欧に大変化が起こる」が実現したのです。

安倍晋太郎外相秘書官だった息子の安倍晋三氏はこのエピソードを知っていたでしょう。安倍政権になり、安倍首相の外交イデオローグは岡崎久彦氏と言われました。

三井物産幹部の経験：ルソーの絵画「平和」

1984年、外務省国際情報局の発足に合わせて分析課長になりました。

考えてみると、外務省以外の人と随分接触しました。日中協会理事長の白西紳一郎氏には中国の人脈を教わりましたし、公安調査庁の菅沼光弘課長には朝鮮問題を教わりました。また、北川正人氏（後、千代田化工社長）には「客家人脈を調べたらいい」と教わりました。日本で「スパイ物」が好きそうな手嶋龍一氏（作家、外交ジャーナリスト）や寺島実郎氏（政治評論家）とはこの頃知り合っています。

様々な知り合いの中に元三井物産常務のA氏がおられました。A氏には2021年11月にお亡くなりになるまでいろいろお教えいただきました。

A氏は、米沢生まれ。第二次世界大戦中、海軍に入られましたが、優秀さが光っていたのでしょう、海軍から京都大学で学ぶよう指示を受けています。

ところで、第二次世界大戦中には、日本も原子力爆弾の研究を行っていました。これには二つの流れがあります。海軍のF研究（核分裂を意味するFissionの頭文字より）と、陸軍の「ニ号研究」(仁科芳雄の頭文字より)です。前者は京都大学、後者は東京大学に拠点を置いています。A氏は京大グループに配属されました。彼は技術者ではありませんし、どう関与したかは聞いていません。

ただ、興味ある事実が一つあります。

それは北朝鮮との関係です。

北朝鮮が核開発に着手したのは1950年代とみられています。A氏は「北朝鮮の核開発の初期段階で中心になっていたのは『白』という姓の人物だ。彼は京大グループの一員だった」と言われました。

戦後、A氏は三井物産に入り、海外業務の中核的存在になります。

1970年代はじめ、ニューヨークの近代美術館が所蔵していたアンリ・ルソーの「戦争」と「平和」という二つの絵画を売りたいとして、密かに三井物産のA氏のところに打診がありました。両作品とも、ニューヨーク近代美術館にとっては至宝と称される部類に属する絵画です。よほどのことでないと手放す類の絵画ではありません。

A氏は「何か大きな動きが背景にある」と感じとります。業務のかたわら、ロンドンやパリの絵画通に「何故ニューヨークの近代美術館が所蔵のルソーを売ろうとしているか」の打診を続けます。そして、「近代美術館が大きい買い物をするために資金を必要としているらしい。

アンリ・ルソーの「戦争」(1894年)　所蔵＝オルセー美術館蔵

そのための放出でないか」と突き止めます。

ルソーの「戦争」と「平和」を上回る美術品とは何か。

そのうち「エジプト政府がツタンカーメンの至宝を売りに出そうとしていて、ニューヨークの近代美術館がこれを買おうとしているらしい」という情報を入手します。

問題は、何故エジプトが国の宝というべきツタンカーメンの至宝を売りに出そうとしているのかです。

当時、エジプトはイスラエルとの戦争を準備していました。第四次中東戦争です。

第四次中東戦争は、1973年10月にイスラエルとエジプト・シリアをはじめとするアラブ諸国との間で勃発した戦争です。6年前の第三次中東戦争でイスラエルに占領された領土の奪回を目的として、エジプト・シリア両軍がそれぞれ、スエズ運河、ゴラン高原正面に展開するイスラエル国防軍に対して攻撃を開始しました。エジプトの方が仕掛けたのだから、当然、エジプトには戦費をひねり出す必要がありました。

アンリ・ルソー「平和のしるしに共和国へ敬意を表して訪れた列国の代表者たち」所蔵＝ルーブル美術館 © アフロ

Ａ氏は、ルソーの絵の売却の商談を契機に情報を集め、第四次中東戦争が起こると確信し、戦争が起こった場合に生ずる可能性のある損失、利益を見極め、契約を急遽改定します。その結果、第四次中東戦争が実際に起こっても、三井物産は損失を避け、利益を生み出していました。

近代美術館が提示していたルソーの「戦争」と「平和」のうち、三井物産は「戦争」は日本に置くのは適切でないとして「平和」を購入します。

すぐにロックフェラー家の当主が三井物産社長を訪れました。「ある程度の利益を上乗せして買い戻したい」という提案です。

そもそも、ルソーの「戦争」と「平和」はロックフェラー家がニューヨーク近代美術館に寄贈したものであったようです。愛着があったのでしょう。

社長はA氏にどうするか相談します。A氏は「この絵は利益を生むために買ったのですか」と問いました。社長は「そういうわけではない」と答えます。「じゃあ、売るのはやめましょう」となりました。

私はこの話に興味を持ち、それから10数年後、三井物産の所蔵する絵画を見せてもらいました。確かにルソーの作品はありました。しかし、それは全く別の作品でした。「戦争」と「平和」はどうなったのでしょうか。「戦争」はオルセー美術館の代表的所蔵絵画です。では「平和」はどうなったのでしょうか。

ルソーには「平和」とつく絵画はあります。「平和のしるしとして共和国に挨拶に来た諸大国の代表者たち」です。今、その絵はピカソ美術館が所蔵しています。これと三井物産が購入した「平和」と題する絵画との関係はわかりません。

そもそもルソーに「平和」と称する他の作品があるのでしょうか。あったとして、今、誰が所有しているのでしょうか。

大韓航空機撃墜事件

1983年9月1日、大韓航空007便のボーイング747が、ソ連領空を侵犯したためにソ連防空軍の戦闘機により撃墜され、乗員・乗客合わせて269人全員が死亡しました。世にいう「大韓航空機撃墜事件」です。

ちなみに、大韓航空はこの5年前にあたる1978年4月20日にも航法ミスでソ連領空（コラ半島上空）を侵犯し、ソ連軍機に迎撃され2人が死亡し13人が負傷する事件を起こしています。

航空路を外れた007便は、**航空自衛隊稚内分屯基地の北部航空警戒管制団第18警戒群（稚内レーダーサイト）により探知・追尾されていました。**

別途、陸上幕僚監部調査部第2課別室（通称「調別」）、通信傍受を主任務とする機関）は、ソ連の戦闘機が地上と交信している音声を傍受。この録音テープは、後にアメリカがソ連に対し撃墜の事実を追及するために、中曽根首相の判断で日本国政府から米国政府へ引き渡されました。

この事件はソ連が乗員・乗客合わせて269人全員を死亡させた事件として取り扱われていますが、実は米ソ対立の中では大変重要な意味を持っています。

当時、外務省国際情報局は公安調査庁と緊密な関係にありました。前述の通り、私は公調の菅沼光弘資料課長に北朝鮮情勢を教えてもらっていました。公調総務部資料課はソ連、中国、北朝鮮情勢の調査を行っており、外務省分析課と仕事の対象が類似していました。私はこの当時オホーツク海へのソ連の戦略潜水艦の持つ意義についての独自の見解を持ち、後にハーバード大学国際問題研究所への提出ペーパーにしています。私はこの見解を当時、日本の情報関係者等に説明していました。

菅沼光弘著『日本を貶めた戦後重大事件の裏側』(ベストセラーズ、2013年)を見てみます。

この事件の時、私(菅沼：引用者注)は総務部資料課にいました。あの当時、オホーツク海というのは、要するに、ソ連のいわばサンクチュアリ(聖域)だった。

当時、1980年代というのは、米ソの冷戦最も激しい時でした。冷戦の中心にあったのが、核兵器です。核抑止力という言葉があります。双方とも圧倒的な核大国だった。どちらかが第一撃を撃ち込む。他方それに対抗して、撃ち返す。結局両方が壊滅してしまう。

相互確証破壊戦略という言葉がありますが、そういう形で抑止力が働いて、双方が核兵器増強合戦をしていた時代です。

その第二撃のために、一番重要だったのは潜水艦です。潜水艦は海の底に潜っているからどこにいるか分からない。なかなかやっつけられない。

あの頃オホーツク海にはソ連の誇る戦略型原子力潜水艦デルタⅢが何隻も海底に潜っていたのです。だからアメリカは様々な方法を駆逐して何とかそれを発見して、捕獲しておきたかった。

オホーツク海というのはかなり深いのです。

RC-135

これ（デルタⅢ）は16発の核弾頭を持つ戦略ミサイル16基を積んでいました。

アメリカ大陸へこれらの戦略ミサイルが飛んで行ったら、アメリカは壊滅です。

従ってアメリカにとって、その原子力潜水艦の所存を探し出して確認していることは非常に重要なのです。

実は日本の海上自衛隊はそのためにあるのです。ソ連の潜水艦を見つけ出すための海軍です。だからＰ３Ｃ（対潜哨戒機）ばかり持っている。

勿論**あの頃のアメリカもＲＣ１３５というような偵察機を常**

大韓航空のボーイング 747

時、オホーツク海で領空ぎりぎりの所をとばして、ソ連潜水艦を追跡していた。

大韓航空のボーイング７４７という飛行機はこのＲＣ１３５に似ているのです。

あの事件の時、当時のオホーツク海は非常にデリケートな場所です。海上自衛隊やアメリカがしきりにいろいろな飛行機をとばしたりしていた場所です。

その間、日本の自衛隊や、アメリカは全てのソ連軍の通信を傍受していた。航空自衛隊の稚内のサイト、陸上自衛隊の「二部別班」です。

大韓航空機は千島列島より南を通るのが通常の航路で、アラスカからカムチャッカ半島に来ているのです。パイロットの時差ぼけが治っていなかったのでしょうか。或いは人為的な失敗だったのでしょうか。

大韓航空機がどこをとんでいるかをアメリカは全部知っていたはずです。にもかかわらず大韓航空機には全然警告を発していない。

そのことから何が判るか。**実はアメリカはソ連防空軍が領空侵犯機に対してどの様な反**

応を示すかを見ていたのです。

大韓航空機はRC135と似ているのです。

何故大韓航空機に警告をしなかったのか。

「やらせてみたんじゃないの」ということです。

大韓航空機撃墜事件ではすぐ、米国TVで解説が行われました。ここで元CIA高官が解説していました。**「大韓航空機では何でも起こります。私は全然驚きません」**

私はパイロットの時差ぼけではないと思います。

「戦略的利益を得るためには何人までの人的犠牲が許容されるか」が一つの問題です。269人は許容範囲か否か。

本書の「序章」で私はオルブライト国務長官の発言を紹介しました。1991年の湾岸戦争後に課された制裁によって医薬品が入らない等の理由で多くの死者が出ました。オルブライトはTV番組『60分間』のインタビューで「イラクの50万人の子どもたちが亡くなったと聞いています。制裁にそれだけの価値があるのですか?」と問われたのに対して、「それは非常に難しい選択だと思います。しかし、価値を考えれば、それだけの価値はあると私たちは考えています」と答えました。**戦略の達成には50万人の死者も許容される**と述べているのです。

自分の戦略を追求する時に、何人までの巻き添えの民間人の死亡を許容できるのでしょうか。

東京大空襲で死者は11万5000人、原爆投下での死亡は広島では9〜16万6000人、長崎では6〜8万人、ドレスデン爆撃では死者数は2万5000人だとされています。国連は2024年5月13日、イスラエルとイスラム組織ハマスの戦闘によるパレスチナ自治区ガザの死者は3万5000人以上だとしました。ちなみに、東京大空襲を指揮したカーチス・ルメイは、小泉純也防衛庁長官と椎名悦三郎外務大臣の連名の推薦で佐藤栄作首相時代に勲一等旭日章を得ています。

トム・クランシー著『レッド・オクトーバーを追え』

トム・クランシー著『レッド・オクトーバーを追え』はスパイ小説の中でも最も人気のある作品です。

トム・クランシーは2013年10月に66歳でなくなりました。多くのメディアが追悼の記事を書きました。その中には「フォックス・ニュース」の追悼文もあります。そこには「幸運なことに、レーガン大統領はクリスマスプレゼントとして『レッド・オクトーバー』を手に入れ、夕食の席で〝本を手放すことができずに眠れなくなった〟と冗談を言い、この発言がニューヨー

トム・クランシー

ク・タイムズベストセラーリストに載るきっかけとなった」という記載があります。

物語のあらすじは、①戦略原子力潜水艦レッド・オクトーバーの艦長は、艦もろとも米国への亡命を図る、②艦内には政治将校が乗船していたがこれを即殺害した。他の士官は艦長の子飼いである、③ソ連政府は機密漏洩を防ぐため、この潜水艦の撃沈を図る、④放射線漏れが発生し通常の航行が困難になる、⑤米国政府はこの潜水艦の捕獲を決定し、無事目的を達成するというものです。

小説の主舞台は、ソ連の原子力潜水艦レッド・オクトーバー。これに加え、CIA長官室、大統領府、空母ケネディ、戦艦ニュージャージー、攻撃型潜水艦ダラス、ボーギなどで物語が展開していきます。

登場人物は、米国側が大統領、大統領補佐官、CIA長官、CIA作戦担当副長官、CIA情報担当副長官、統合参謀本部議長、太平洋軍総司令官、海兵隊司令官、海軍情報部長、大西洋潜水艦隊司令官、英国側が情報部長官、艦隊司令官です。

潜水艦関係の情報は極めて詳細です。想定のレッド・オクトーバー内の状況ではミサイル室について「そこは広い空間で、二十六本の暗緑色の巨大な円筒が二層のデッキを貫いてそびえ立っている。ミサイル原潜の牙ともいうべき熱核弾頭が二百個あまりここにあるのだった」と詳細に描写しています。**素人が空想で書けるものではありません。**

トム・クランシーは1947年生まれ。ボルチモアで保険代理店を営みながら、余暇にデビュー作となる『レッド・オクトーバーを追え』を書いたとあります。

『レッド・オクトーバーを追え』はレーガン大統領から賞賛されました。リアルな軍事シーンを作成するクランシーの能力は、米軍内でも尊敬を集めたと言います。つまり、**レーガン大統領のような政治家にも、米軍の軍人にも、『レッド・オクトーバー』のストーリー・設定・登場人物・場面が違和感なく受け入れられたわけです。保険代理店のオーナーが余暇で空想して書けるものではありません。あるいは、関係書籍を集めたところで書けるものでもありません。**

ミサイルの配備などをリアルに描くには、専門家の教示等がなければ不可能です。通常、そうした情報は外に出ません。当時はまだインターネットの時代でもありません。

ソ連の亡命者についての記述を見てみます。

亡命者は決して、決して、信用されない。一度国を変えた者はもう一度（本国に）帰るかもしれないのだ。たとえ理想主義者でも疑念を抱き、祖国を捨てたことに対して良心が疼く。**ある博士は、〝ソルジェニーツィンにとって一番辛い罰は亡命である〟と述べていた。**

ソ連の亡命者の中で、数年後に自殺した者は少なくない。

全世界で大ヒットを記録した映画『レッド・オクトーバーを追え』ショーン・コネリー、アレック・ボールドウィン（1990年）
©Everett Collection／アフロ

正しい描写です。保険代理店のオーナーが、こんな正鵠《せいこく》を、自ら考え出したとは思い難い。ロシアの亡命者を観察して初めて出てくる描写です。

つまり、**この本はＣＩＡや軍の協力によって書かれた本と言っていいと思います。**

その背景を考えてみます。

１９８０年代初頭からソ連は米国大陸を射程内に入れられる戦略潜水艦を、バレンツ海、オホーツク海に配備し始めます。これは米ソの戦略構造に大きな変化を与えました。

それ以前、米国海軍は太平洋、大西洋に戦略潜水艦を配備し、ソ連側に攻撃されない核兵器を有し、一方的な優位を築いていました。

しかし、ソ連が同様に戦略潜水艦をバレンツ海・オホーツク海に配備したことで、ソ連もまた、米国が破壊できない戦略兵器を持つことになります。

これを破壊するには、攻撃型潜水艦や、発見するためのP3C（探知された敵潜水艦と思しき音響信号へ急行してソノブイ、磁気探知機による識別を行い、魚雷や爆雷を使用して、潜在海域から殲滅することを主眼としている）が必要です。従って、米国政府は1983、1984年頃より海軍増強政策を打ち出します。

この構想に『レッド・オクトーバーを追え』の小説や、映画がぴったりなのです。

私がトム・クランシーの小説を重視するのは**「米国政府の誰か、多分CIA等が書かせている」と思われる**からです。

ZがMI6の幹部に

1985年頃、私は英国の情報関係者と会いにロンドンを訪れました。

要件が終わった時、先方から「貴方と食事をしたいと言っている人がいる。可能か」と聞かれました。夕食の日程が入っているので「無理です」と言うと「朝食はどうか」と言われます。

そこで指定されたセントジェームス公園近くのクラブに出かけました。案内されて食堂に入ると**Zが笑みをたたえて待っています**。1967年に別れて以来のZの笑みです。

「どうしたのだ。今はどこにいるのか」と聞くと、「君には言っていなかったが私の本当の所属先はMI6だ」と白状しました。

「どんなポストにいるのか」と聞くと、MI6の枢要ポストです。

ここではポストを書くのは控えます。大変重要なポストです。驚きました。

「だって貴方はずっと冷や飯を食っていたではないか」と言うと「その通り」との答えが返ってきました。

彼は顛末《てんまつ》を話し始めました。

「知っての通り、冷や飯のスタートは在ソ連大使が、私のモスクワ赴任を、〝ロシア語の習得不足〟で拒否したことからだ。確かに陸軍学校では、貴方と私とジョン・カーがビリを争っていたが、そこそこ、許容範囲の習得はしていた。赴任を拒否されるようなレベルではなかった。

〝赴任先の語学もちゃんと身に着けていなかったのか〟ということで私の評価は大きく下がった」

確かに、Zのロシア語習得が不十分なら、ほぼ同等の水準であったジョン・カーだって不十分ということになります。しかし、後に外務次官になったジョン・カーにはそういう評価は全くありません。

「**私のモスクワ赴任は、MI6にとっては重要な人事だった**。貴方も知っているだろうが、諜報の歴史の中で、最も成果をあげたのはペンコフスキー事件だ（注：ペンコフスキーに関するブリタニカの記述＝ペンコフスキーはおそらく冷戦時代に西側で最も貴重な二重スパイだった。１９４９年、ペンコフスキーはソ連軍情報総局（ＧＲＵ）に配属された。１９６０年までに国家科学研究調整委員会の外国部門の副部長。１９６１年４月から１９６２年８月にかけて、ペンコフスキーは軍事、政治、経済の機密文書の写真５０００枚以上を英国と米国の諜報部隊に渡した。ソ連の長距離ミサイル能力が比較的弱いという彼が提供した情報は、１９６２年10月のキューバ危機前および最中に米国にとって非常に貴重であることが判明した。ソ連側は高度な機密情報が西側に漏洩していることに気づき、ペンコフスキーは１９６２年10月22日にソ連軍によって逮捕された）。

ペンコフスキー事件を仕切っていたのは在モスクワ英国大使館にいたＭＩ６の人間だ。事件が発覚するや、ＭＩ６は彼に対する報復を恐れ、彼を即座に帰国させた。それからしばらく、ＭＩ６は在モスクワ英国大使館に人を送らなかった。どんな報復をとられるかわからないからだ。ある程度の年月を経たので、私が派遣されることとなった。

そして、大使が私のロシア語習得が不十分だとして赴任を拒否した。ところがこの大使がロシア側と通じていたのではないかという噂があり、彼が聴聞にかけられた。そこで彼が、私が赴任予定の時期に、**ロシア人の女性大使秘書と男女関係**にあったことを認めた。**大使は、諜報**

法廷でのオレグ・ペンコフスキー（1963年）

の専門家である私が赴任すれば、それが発覚すると恐れたのだ。ということで、私の評価も見直され、今はMI6の重要ポストについている」

1967年頃から多くの人は彼に冷たく対応したでしょう。

私は陸軍学校でビリを争った仲間です。態度を変える要素は何もありません。「不変の関係」だった数少ない人間の一人だったのです。幸せな朝食会でした。

余談ですが、この大使のハニー・トラップの一件は1981年に英国の「サンデー・タイムズ」が明らかにして世間に知られることになりました。記事の原典にはあたれませんが、1981年2月21日、UPIが「英国外交官、KGBの性的罠に巻き込まれたこと明らかに（British diplomat reveals he was involved in KGB sex trap）」の標題で次のように報じています（訳は引用者）。

元駐モスクワ英国大使はサンデー・タイムズに掲載されたインタビューで、ソ連の秘密機関にそそのかされて、大使館で働く（ロシア）女性と関係を持ったことを明らかにした。

1965年に駐モスクワ英国大使となったハリソン氏は、〃ロシア人女性と短期間の関係を持った〃とサンデー・タイムズに語った。

〃彼女は若くて魅力的な女性でした。私は彼女がKGBで働いているかどうかは尋ねなかったが、大使館で働くロシア人は全員KGB職員であると想定していた〃と73歳の元外交官は語った。

〃それは私の側の逸脱でした。それはまったく狂気の沙汰だったが、同様の誘惑に遭うかもしれない西側の外交官たちにさらなる警告を与えるかもしれない〃

自分がはめられていることに気づいたハリソンはロンドンの上司に通報し、すぐに呼び戻された——1968年8月にロシアの戦車がチェコスロバキアに進入してからわずか2日後のことである。

当時、彼の突然の帰国はチェコ危機が契機であると考えられていたが、外務省は彼の辞任を公式に説明することはなく、この事件はソ連とウィルソン首相の外相スチュワートとの間で非公開に処理された。

当時結婚していて3人の息子と1人の娘がいたハリソン氏は、自分のケースは特別なケースではないと語った。

〃外交官やジャーナリスト、さらには政治家の間でも、このようなことが常に起きている〃

と同氏は語った。〝長期の海外滞在をしていると、ディフェンスが低下する可能性がある。許せないことですが、実際に起こる〟

ハリソン駐ソ英国大使は年齢が一定に達したから「退職」という形で処理されました。ハリソン駐ソ英国大使のハニー・トラップの件は、外務省の中でも極秘裡に処理されたようです。同じ政府内の部局であっても知らせられなかったでしょう。従って、Zが名誉回復をしたのも1981年以降になったのでしょう。

【第八章】

在イラク大使館勤務

1986～1989年

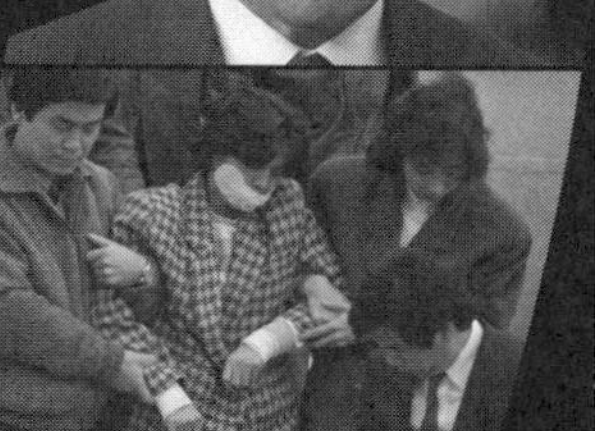

誰が独裁者サダム・フセインを育てたか

サダム・フセインには独裁者のイメージがあります。強権主義者のイメージがあります。

では、彼が大統領になる過程で、誰が彼を支援したのでしょうか。

誰が「独裁者」の地位に就けたのでしょうか。

彼の経歴を簡単に見てみましょう。

サダム・フセイン（1998年）

・フセインは1937年、イラク北部ティクリートで生まれた。羊飼いだった父親は、サダムが生まれる数カ月前に失踪。3歳の時に叔父のもとで暮らすためにバグダッドに送られる。

・1957年、20歳の時に、中東のアラブ諸国統一を目指すバアス党に入党。

・1959年、サダムとバアス党員たちは、当時のイラク大統領カシムの暗殺を試みるが、未遂に終わり、その際にサダムは足を撃たれた。その後、シリア、エジプトに逃亡して亡命生活を送り、エジプトではロースクールに通った。

・1963年、カシム政権がいわゆるラマダン革命で打倒されると、サダムはイラクに帰国したが、翌年バアス党の内紛の結果、逮捕された。刑務所にいる間も政治に関わり続け、1966年に地域軍副長官に任命される。その後間もなく、脱獄に成功し、数年間、政治的権力を強化し続けた。

・1968年、バアス党の無血クーデターに参加。その結果、クーデターの主導者アフマド・ハサン・アル＝バクル将軍がイラク大統領に就任、サダムが副大統領に就任した。

私はイラクに赴任してから、一人の有力な政治家と知り合いました。一地方の部族の長です。彼に招かれ、彼の部族の村も訪れて宿泊することになりました。暑いので、夜は屋根に上り、屋根の上で寝るのです。屋根に行く時には家の中を通ります。その時、婦女子が皆、隠れるのが印象的でした。彼はサダム・フセイン政権の時には大臣にもなりましたが、サダム・フセインには批判的でした。

その彼がサダム・フセインについて次のように語ってくれました。

「**サダム・フセインは亡命する前、バアス党でどういう地位にいたかご存じですか。単なるチンピラに過ぎません**。カシム首相暗殺未遂事件だって、彼は見張り役に過ぎなかった。しかし、フセインはシリア・エジプトに亡命して、帰国し、バアス党の幹部になりました。暗殺事件の見張り役にしか過ぎない男が、帰国するとバアス党の幹部になったのです。

何故でしょうか。

彼は莫大な資金を持って帰国しました。これで彼はバアス党の幹部になりました。しかし、彼はその資金をどこから入手したのでしょうか。

イラク国内ではありません。外国の支援です。

サダム・フセインになってソ連との関係が改善したわけでもないからソ連ではない。

エジプトにはイラクの政変を起こして支援するような余裕はない。

残るはどこか。

米国です。CIAです。彼らがサダム・フセインを育てたんです。

サダム・フセインの政策を見てください。米国の利益とぴったり一致しています」

米国隠密行動がイラン・イラク戦争の流れを変える

とは言え、イラク・イラン戦争の途中から、米・イラク関係は変化していきます。

イラン・イラク戦争は1980年9月22日未明、イラク軍が全面攻撃する形で始まりました。

ちなみに、前年の1979年4月1日、イランでは、シーア派によるイスラム革命で親米のパーレビ朝が崩壊し、「イラン・イスラム共和国」が誕生していました。そして、同年11月4

日には、いわゆる米国大使館占拠事件が発生し、米国とイランの対立が始まります。

当初、石油輸出で潤沢な資金を有するイラクは軍備面で優位に立っていました。

他方、イラン側は革命の意欲に満ち、戦死を恐れない兵士が多くいます。

イラン・イラク戦争では兵器の優位（イラク）対兵員の優位（イラン）という一種の均衡が生じていました。

この状況が一気に変わる事件が起きました。イラン・コントラ事件です。

この事件は中南米情勢を起点にしています。それがイラン・イラク戦争に飛び火したのです。

１９７９年、ニカラグアが親米独裁から反米左派独裁に変わるサンディニスタ革命が成立したことを受けて、**米国は「コントラ」と呼ばれる反革命勢力を支援します。しかし、議会は「コントラ」に財政的支援を行うことを禁じていました。**

資金提供ができなければ「コントラ」は勝てません。サンディニスタ革命は反米左派です。

米国の裏庭の中南米に反米左派の存在を許すわけにはいきません。

それで、どうするか。

米国は資金源を探します。

当時イランはイラクの戦車攻撃に苦戦していました。米国は戦車を破壊する兵器をイランに輸出します。その多くはイスラエル経由でなされました。そして売却代金で「コントラ」を支援したのです。

米国がイランに武器を提供する動きを１９８７年11月19日付の「ニューヨーク・タイムズ」の記事「イラン・コントラ報告書：武器、人質、そしてコントラ：秘密外交政策はどのように解明されたか（IRAN-CONTRA REPORT; Arms, Hostages and Contras: How a Secret Foreign Policy Unraveled）」をもとに見てみましょう。

- １９８４年10月12日：**議会、コントラへの直接的・間接的軍事援助を禁止**。
- １９８６年５月３日：国家安全保障会議顧問のレディーンがイスラエルのペレス首相と会談し、イランについて話し合う。彼はイスラエルに、「ワシントンはイスラエルからイランへの大砲や弾薬の輸送を承認するだろう」と語った。
- ８月６日：マクファーレン氏はレーガン大統領に、「イスラエルを通じて米国の対戦車ミサイルをイランに売却する」というイスラエルの提案について説明した。レーガン大統領はマクファーレン安全保障担当大統領補佐官にイランとの接触を許可した。
- ８月20日：イスラエルは96発のＴＯＷ対戦車ミサイルをイランに送る。
- ９月14日：イスラエルはさらに４０８発のＴＯＷミサイルをイランに送る。
- 11月24～25日：**ＣＩＡ**がイスラエルからイランへのホーク対空ミサイル18発の輸送を手配する。

●1986年1月17日：レーガン大統領がイランへの武器輸送を許可する命令に署名。命令はCIAに権限を与えるものである。「第三者」だけでなく、友好的な外国も武器を輸送するのを支援する。

●2月17日：米国は、イランへの輸送のために500発のTOWミサイルをイスラエルに送る。

●2月27日：500発のTOWミサイルが再びイランに向けてイスラエルに送られる。

●4月4日：ノース大佐は覚書で、「イラン武器販売から得た1200万ドルの利益をコントラに転用する」計画の概要を作成した。このメモはポインデクスター提督が大統領に伝えるために準備されている。

●5月23～24日：TOWミサイル508発とホークミサイルの予備部品140個がイスラエルに輸送される。

●5月25日：マクファーレン氏、ノース大佐、その他のアメリカ当局者らはイランのホーク対空ミサイルの予備部品を携えてテヘランへ飛ぶ。

●エイブラムス国務次官補はブルネイ国王に対し、コントラへの寄付を要請した。

●6月26日：議会が10月1日からコントラへの軍事及び非武器援助として1億ドルを承認。

●8月4日：米国、対空ミサイルホークの予備部品をイランに送る。

●10月28日：さらに500発のTOWミサイルがイスラエルからイランに送られる。

（注：これら取引においてはレバノンにおける米国人誘拐問題が絡んでくるのですが、ここでは割愛します）

私も当時、バスラ周辺の状況視察に出かけました。破壊された戦車・装甲車などが道路脇にごろごろしていました。

中東地域以外の要因で、米国はイラク支援の立場から、イランへの武器提供を通じて、表に出ないがイラクの敵となったのです。

これが後に、サダム・フセインの排除につながっていきます。これらを暴露されないために、イラク戦争ではサダム・フセインには死んでもらわなければならなかったのです。

米国の特定国との二国関係は、米国にとってより大きい他の要因が出てくれば、枠組みが変わります。

日米関係もそうです。戦後すぐは「日本を戦争できない国にする」という方針でしたが、ソ連の脅威が認識されるや、米国は軍事を含め日本を対ソ連政策の「駒」に使うことを考えました。

米国とイラクとの関係でも同様の「枠組みの変化」が起こります。米国が、より重要と見做していた国・地域の関係（米国の裏庭にあるニカラグア）で起こった要因により、これまで友好国扱いされていた国（イラク）が一気に敵国扱いになったのです。

米国大使館の弱体化

私がイラクに赴任した時、米国の駐イラク大使はデビッド・ジョージ・ニュートン（David George Newton）という中東の専門家でした。次席も中東の専門家でした。十分な布陣です。ところがこの体制が大きく弱体化します。

１９８８年９月、米国は駐イラク大使として女性のエイプリル・グラスピー（April Glaspie）を任命します。中東で米国の初の女性大使です。

イラクでは女性はほとんど公的な職に就かず、家庭にいます。イラク・イラン戦争の真っただ中です。かつ駐イラク大使の後、彼女はケープ・タウン総領事に就いています。全くの軽量級外交官と言えるでしょう。

「重要な大使を置かない＝もうイラクは友好国でない」というシグナルを出しているようなものです。

グラスピーは公邸に母親とこもり、公的な場面にはほとんど出てきませんでした。そして、イラクがクエート侵攻前にサダム・フセインと行った会談で、侵攻へのゴー・サインを出したと解釈されうる重大な発言をすることになります。この発言は、サダム・フセインの行動を見る上で極めて重要なので、原文を英語で掲載します（訳は引用者）。

we have no opinion on the Arab-Arab conflicts, like your border disagreement with Kuwait. *I was in the American Embassy in Kuwait during the late 60's. The instruction we had during this period was that we should express no opinion on this issue and that the issue is not associated with America. James Baker has directed our official spokesmen to emphasize this instruction.* ***We hope you can solve this problem using any suitable methods via Klibi or via President Mubarak.*** *All that we hope is that these issues are solved quickly.*

（私たちは、クウェートとの国境に関する貴方方の意見の相違のような、アラブとアラブの紛争については、何の意見も持ちません。私は60年代後半、クウェートのアメリカ大使館にいました。この時期に私たちが受けた指示は、この問題について意見を表明すべきではない、この問題はアメリカとは関係ないというものでした。ジェームス・ベイカー（国務長官）は、この指示を強調するよう公式スポークスマンに指示しました。私たちは貴方がクリビ（アラブ連盟事務総長）またはムバラク大統領を通じて適切な方法を使用してこの問題を解決できることを願っています。私たちが望むのは、これらの問題が迅速に解決されることだけです）（出典「Excerpts From Iraqi Document on Meeting with U.S.

Envoy」montclair.edu)

つまり、「クリビ（アラブ連盟事務総長）またはムバラク大統領が文句を言わなければいかなる適切な方法をとってもいい」と響くものがあります。

アメリカ大使の「クウェート問題はアメリカとは関係ない」という発言は、サダムに「クウェートとの紛争を自由に処理できる」と解釈する可能性を与えました。

もしサダムが「クウェート侵攻したら米国が武力で対抗する」という明確な警告を受けていたら、クウェート侵攻はしなかったと思います（ただし、この問題は少し複雑で、イラクがクウェートに侵攻し、サウジ国境近くにまで迫った時に、米国はサウジの安全に危機感を持ち、従来の政策が変更した可能性があります）。

そして、次席も、これまでの中東専門家に代わって、一見、どうしようもないと思われる人物が来ました。

ジョセフ・ウィルソンです。

彼はアラブの専門家ではありません。ニジェール、トーゴ、プレトリア、ブルンディ、コンゴ等アフリカを回ってきました。米国一流外交官のコースではありません。米国は優秀な中東専門家を多く抱えています。戦争が行われている時に、何でアフリカの専門家がイラクに来るのでしょうか。

ウィルソンは「イラン・イラク戦争で大使も大使なら次席も次席だ」と見下されていました。

しかし、人は思いがけない時に思いがけない能力を発揮します。

彼は不屈の男だったのです。

ウィルソンは1990年のクウェート侵攻の時に大活躍をします。

クウェート侵攻。撤退するイラク軍によってクウェートの油田が放火された（1990 年）

米国等がイラク攻撃の姿勢を強めると、サダム・フセインはイラク在住の外国人を攻撃目標となる施設に配備し、「人間の盾」に使おうとしました。当然、外国人は保護を求めて大使館に逃げ込みます。それを防ぐべく、イラク政府は各大使館館長に「外国人を匿う者は同時に処刑する」と脅すメモを送付しました。

これに対し、ウィルソンは、首に手製の縄をまいて記者会見場に現れ、**「アメリカ国民を人質に取ったり、処刑したりするなら、その前に私の首に巻いた縄を引っ張れ」**と述べて、フセイン大統領を公然と非難します。そして、100人以上のアメリカ人を大使館に保護し、さらに、数千人（アメリカ人とその他の国民）をイラクから避難させることに成功したのです。この行動により、ジョージ・H・W・ブッシュ大統領から「真のアメリカの英雄」と呼ばれました。

後にウィルソンは、ＣＩＡとも関連し、さらに果敢な行動をとりました。それについては後述します。

ハラブチャ毒ガス使用疑惑

イラン・イラク戦争では、米国のイランに対するＴＯＷ対戦車ミサイルの提供によって、戦況が一転しました。それまではイランの人海戦術による攻勢を、イラクの戦車が止めていました。しかし、その戦車は、米国提供のＴＯＷ対戦車ミサイルによって無力化されます。

こうした戦況の変化はイラク国内情勢にも影響を与えました。「サダム・フセインは強くない」と、イラク人に抑えられていたクルド人が独立の動きを強めていったのです。

イラクとしては、これを阻止する兵器があまりありません。そこで**サダム政権が依存し始めたのが毒ガスの使用です**。

１９８８年3月16日にイラク、クルディスタン地域東部のハラブジャにて化学兵器が使われ、多数の住民が死亡しました。マスタードガス、サリン、ＶＸガスなど複数の種類の化学兵器が

イラン・イラク戦争中にガスマスクとM1ヘルメットを着用したイランの兵士

極めて大量に使用されたとされていますが、詳細は不明です。

この事情を知っているのは誰か。

イラク側は当然として、CIAもそうです。**疑惑が起こるや、CIAは迅速に動きました**。在イラク米国大使館のCIAの人間がハラブジャに出かけ、迅速に土壌を収集して米国本土に送りました。

では、米国は、イラクの化学兵器の使用に抗議したでしょうか。化学兵器使用の決定を下したサダム・フセインを許せないと非難したでしょうか。

米国は、公式には、本件でイラクをほとんど非難していません。**後に「イラクが化学兵器を含めた大量破壊兵器を所持し、脅威を与えている」としてイラク戦争を起こしますが、この時期にはイラクが毒ガス・化学兵器を使用していることを把握していながら、表向きは非難していないのです**。

その後、イラクは戦場で化学兵器を使用していったようです。そして、それが結果として停戦・終戦につながりました。

大韓航空機爆破事件

大韓航空機爆破事件は、１９８７年11月29日飛行中に爆破され、北朝鮮の工作員によるものとされた事件です。事件の流れを見てみます。

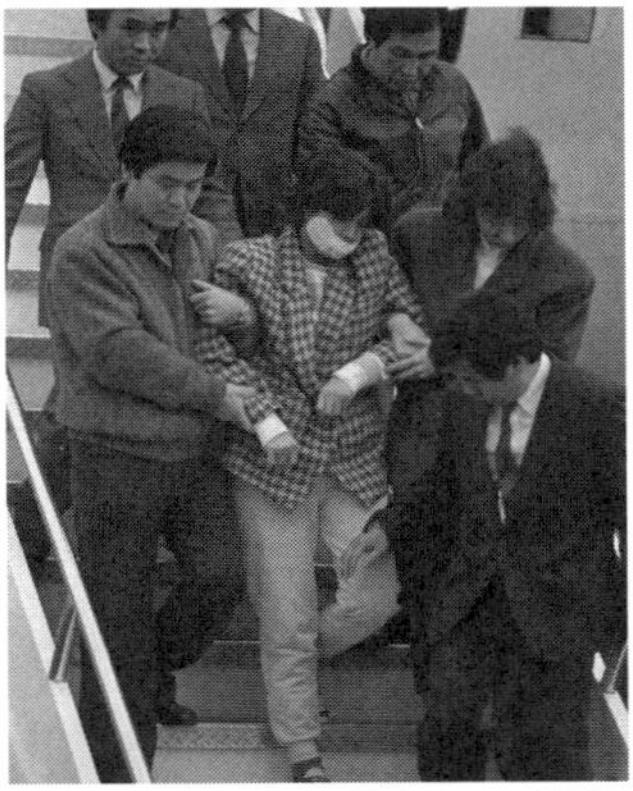

大韓航空機爆破事件。拘束される金賢姫（1987年12月15日）©AP／アフロ

11月13日—金賢姫《キムヒョンヒ》（当時25歳）と金勝一（当時59歳）がソ連経由でハンガリーに入国。
11月18日—陸路でオーストリアに入国。
11月23日—オーストリア航空６２１便でユーゴスラビアのベオグラードへ向かう。
ユーゴスラビアに滞在中、爆発物を受け取る。
11月28日—**イラク航空２２６便で出国**し、イラクの首都バグダードへ向かう。
バグダードで大韓航空８５８便に乗り継ぎ、金賢姫と金勝一は機内に爆発物を持ち込む。
同日：午後11時30分大韓航空８５８便がバグダード発。

11月29日―現地時間午前4時01分 大韓航空858便がアブダビ発。金賢姫と金勝一はアブダビで降機し、戻らなかった。

現地時間午前10時31分―ビルマの航空管制空域に到達。インド洋・アンダマン海上空にて機内の爆弾が炸裂。

11月30日―金賢姫と金勝一がバーレーンに入国。

12月1日―金賢姫（自称：蜂谷真由美）と金勝一（自称：蜂谷真一）の出国直前、偽造された日本国旅券の保持により、バーレーン当局が拘束。取り調べ中、金賢姫は自殺に失敗し一命をとりとめ、金勝一は服毒自殺を図って即死。

12月10日―大韓航空858便の**残骸等が発見され始める**。

12月15日―金賢姫が韓国の国家安全企画部に引き渡される。金賢姫は取り調べ中に転向し、自ら**北朝鮮の工作員であること及び犯行を自白する**。

12月16日―**韓国大統領選挙投票日、盧泰愚《ノテウ》が当選**。

12月19日―乗客・乗員計115名全員の死亡が確定する。

通常、これに疑問は出ません。

外務省の先輩で朝鮮半島情勢に精通している町田貢氏がおられます。著書『日韓インテリジェンス戦争』（文藝春秋、２０１１年）の中では、もちろん北朝鮮犯行説をとられています。

北朝鮮が犯行に及んだのは、ソウルオリンピックに関連したものだとされています。

ソウルオリンピックは１９８８年９月17日から10月２日までの韓国の首都・ソウルで開催されました。このオリンピック開催を北朝鮮が阻止したかったというものです。

ポイントとなる日程をいま一度確認してみましょう。

11月29日　**ビルマ沖で爆発**
12月16日　**大統領選挙**
翌年９月17日　**ソウル五輪開催**

ただ、町田氏は「北朝鮮の犯行は通常韓国の労働者を標的にしない。今回の搭乗者の多くは中東への出稼ぎ労働者であり、これまでのパターンと異なる」という意味深な記述をされています。この方針が変更されたのでしょうか。

金日成《キムイルソン》の悲願は朝鮮統一です。だとすれば、一般市民の反発を買う行動はとりません。（注：１９９０年の金丸訪朝団では「朝鮮は一つであり、南北の平和的統一は朝鮮人民の民族的利益に合致」の文言を含む日朝３党共同宣言が発出されています。つまり依然「朝鮮統一」を看板

としています）

当時バグダードにいた私は、この事件に違和感を覚えました。

韓国在中東大使会議があるということで、バグダードにいた韓国総領事（大使館はない）夫妻がこの便に乗っていました。

事件が起きるや、日本大使館はすぐに飛行場に館員を派遣し、乗客名簿を貰い、日本人が乗っていないことを確認しました。

在バグダード韓国総領事には**KCIA（大韓民国中央情報部）**の人間がいました。本来なら彼は飛行場に駆け付け、事情を調査すべきです。しかし、彼はすぐに飛行場に駆け付けず、日本大使館に来て、乗客名簿を見せてくれというのです。

何故すぐに飛行場に駆け付けなかったのでしょうか。

問題はバグダード空港です。

当時は戦争中であったため、極めて厳しい警戒態勢をとっていました。カービン銃を持った警備員が配備され、世界一厳しい雰囲気が漂っていたのです。ここでの乗り継ぎの際には一度入国手続きを取って外に出て、再度荷物のチェックを受けて入ります。

報道によれば、金賢姫と金勝一は荷物を一度持ち出し、再チェックを受けて搭乗しています。強力な爆破物なら当然チェックに引っ掛かるでしょう。そのためにイラク当局は飛行場でチェックしています。

大韓航空の発着は世界に数多くあります。

何故北朝鮮が、世界で最もチェックの厳しい飛行場を、爆発物搭載の起点にしなければならないのでしょうか。

これが私の最初の疑念です。

ここで大統領に選出された盧泰愚について、辺真一《ピョンジンイル》氏（ジャーナリスト・「コリア・レポート」編集長）のヤフー・ニュース記事「死去した韓国の盧泰愚元大統領の〝功罪〟光と影を追う」を見てみましょう。

> 政治家には誰にも光と影、功罪があるが、軍人出身の盧元大統領ほどそのコントラストが鮮明な人はいない。
>
> 影、即ち罪の部分では何と言っても軍人時代に陸軍士官学校同期で同じ慶尚道出身の全斗煥元大統領らと共に１９７９年12月12日に**粛軍クーデターを引き起こしたことであろう**。それも、陸軍参謀総長ら軍首脳らを逮捕するなど上意下達の軍の規律を無視した下剋上であった。
>
> 長期政権の座（１９６１〜１９７８年）にあった陸士先輩の独裁者・朴正熙大統領が側近に暗殺されたことで民主化の波を恐れた全氏や盧氏ら陸士11期生を中心としたクーデ

ター首謀者らは戒厳令を施行し、文民政治の実現を求めていた金大中、金泳三、金鍾泌氏ら有力政治家らの政治活動を禁じ、**クーデター反対の民主化デモを武力で鎮圧した。国民の軍と呼ばれている「国軍」が全羅南道・光州で国民に銃口を向け、発砲したのは後にも先にもこれが初めてであった。**

（引用者注：光州事件は１９８０年5月18日から27日にかけて発生し、死者１５４人ないし１９８人、負傷者３０２８人に及んだ）

前述の通り、大韓航空は１９７８年4月20日ソ連領空（コラ半島上空）を侵犯し、ソ連軍機に迎撃され、２人が死亡し13人が負傷する事件を起こしました。そして、１９８３年9月1日には大韓航空のボーイング７４７が、ソ連の領空を侵犯したためにソ連防空軍戦闘機により撃墜されました。この時、米国のテレビではＣＩＡ元高官が「大韓航空機では何があっても驚かない」と述べていました。つまり、大韓航空は人為的に事故を起こす体質があると示唆していたわけです。

予定されていた大統領選は、**盧泰愚にとって絶対勝たなければならない選挙です**。とは言え、対立候補金泳三・金大中は高い支持率を有しています。負ける可能性があります。

盧泰愚には粛軍クーデターに参加した過去があります。

私が韓国人なら、この大韓航空機爆破事件を大統領選挙との関係で調査したいところです。

盧泰愚（1988年）

北朝鮮との緊張が高まっていると韓国国民が感じれば、盧泰愚に投票します。

ただ、私の説には大きい弱点があります。

犯人の金賢姫は紛れもなく、北朝鮮で教育を受けています。ＫＣＩＡが金賢姫に指示はできません。もっとも、これも鉄壁の反論ではありません。ほとんど脚光を浴びませんでしたが、この事件後、北朝鮮の欧州での諜報責任者が韓国に亡命しています。

つまり、事件当時、欧州にいる北朝鮮の安全保障関係者が金賢姫を欧州に呼び、「重要なミッションだ」と言って、自分たちのスケジュールに沿って彼女を動かし、大韓航空８５８便に乗せる手配をすればいいのです。

私の疑問を列挙しておきます。

①　航空機の破壊はどういうものであったか。

②　その爆破を起こすのにはどれくらい強力な爆破物が必要か。

③　機内持ち込みの爆破物で、そのような爆破が起こしうるか。

④　荷物預けをしていないと承知しているが、厳重な荷物チェックの際、これが見逃される可能性はどれくらいあるか。

これが私の疑念です。ただ、私と同じように疑念を持った人物がいました。

私の前に分析課長であった渋谷治彦です。彼は欧州での金賢姫と金勝一の足取りを追っています。その旅の副産物として、ハンガリーではこの時（1987年）すでにCIAとハンガリー治安当局と密接な関係に入っていることを見抜いています。ハンガリー政府がオーストリアとの国境線の轍城門を撤去することで、東独の人が自由に西側に出国できるようにして、ベルリンの壁を事実上破壊する下ごしらえが進行していたのです。

岡崎駐サウジ大使、及びサウジ情報機関を訪問

私が在イラク大使館に勤務した頃、国際情報局長として上司だった岡崎久彦氏が大使としてサウジにおられました。

1988年2月頃、岡崎大使から「自分もそろそろ他国に赴任する頃だから、サウジに来ないか。何人か紹介する」と言われました。それで私はサウジに出かけました。

夕刻、岡崎大使が「今晩は中央銀行総裁の家に呼ばれている。一緒に行こう」と言われるのでついていきました。男だけのビュッフェです（夫人は途中で挨拶に来られた）。財務省次官など金融関係者が中心の集まりでした。

主賓らしい立場に詩人がいました。みなアラビア語で話しています。そして、その中の人間が、代わる代わる岡崎大使の所に来て国際情勢について質問します。岡崎大使の説明に納得すると自分の席に戻ります。こういう夕べでした。

そのうち、私は岡崎大使から「明日は情報省に行くようにアレンジしたから行ってくれ」と言われました。

翌日、情報省を訪れると、私の相手は情報省次長でした。いろいろな意見交換をしている中で「今年、イラク軍はどこまでイランの領土内に入ると思うか」という問い掛けがありました。私は戸惑って答えました。

「バグダッドではG7の大使館の次席会合を毎月開いています。ここでの判断は次のようなものです。

〝長年イラクは武器で優位を保っていた。だが米国がTOW対戦車ミサイルをイランに与えたことで戦況が一変した。イラクの戦車は次々に破壊された。バスラ近辺ではイラン軍の攻勢が目立つ。この状況が続けばイラン軍はバスラからバグダッドに進軍することも可能だ。ここまできたら、イラクは停戦を望んでいるのでないか。イラン領に攻勢をかけ領土を拡大するという考えは我々にはありません〟」次長は黙って聞いていました。何もコメントしません。

そして、イラン・イラク戦争には新たな進展がありました。1988年7月20日付の「ロス・タイムズ」は次のように報じています（訳は引用者）。

ホメイニ師は本日、イラン・イラク戦争の停戦を求める国連決議を受け入れることは**〝毒を飲むよりも悪い〟**が、イランの政治指導者らにそうするよう勧告したと述べた。同氏はイラン国民に対し自らの決定を受け入れるよう求め、国民はイスラム教のために戦ってこれほど多くのイラン人が殉教したことに感謝すべきだと述べた。8年にわたる戦争で100万人が死亡した。

1988年年頭より、イラク軍は国境線付近のイラン領地に有毒ガスを使用し、陣地拡大を図っていたようです。

米国はそれを知っていたのでしょう。イラクにいるG7の多くの国の外交官は知りません。今、振り返ってみれば、**サウジ情報省次長は知っていた**のでしょう。だから黙って聞いていたのだと思います。「現地のことは現地に聞け」です。

【第九章】

在カナダ大使館勤務時代 1989～1991年 と国際情報局長時代 1997～1999年

アメリカとカナダの大きな違い

イラン・イラク戦争終結後の１９８９年、私はカナダに赴任しました。首都オタワは清潔な都市です。国家も民主主義の代表国です。日本とカナダに外交問題は何もありません。そういう時期の赴任です。

私はカナダ外務省で、懇意になった局長に「素晴らしい国に赴任できてありがたい。家族は楽しんでいる。だが私には少し不満だ。私はこれまでソ連やイラクなど、生活は厳しいが、外務省的にいえば仕事のある所に赴任してきた。それを思うと、ここカナダでは日加関係が良好で外交的に何の問題もない。その点が不満だ」と述べました。

その時、局長は笑いながら**「お前は馬鹿か」**と言って次のように述べます。

「日本は今、アメリカとの外交で苦労している。けれども、歴史的にみて、アメリカとの外交で最も苦労してきた国はどこか。カナダだ。カナダは経済力で米国の10分の1くらいだ。吸収される危険がある。カナダにはカナダの国是がある。だからそれを貫く。すると米国と摩擦が起こる。米国は圧力をかけてくる。カナダは長年にわたって、この圧力をどうかいくぐるかに苦心してきた。日**本がアメリカとの外交で苦労している今、カナダ外交を学ばなくてどうするのか**」

それから、私はカナダの政治家・官僚等に**「カナダと米国の違いは何か」「摩擦を克服するにはどうしたらいいか」**を聞いて回りました。その結果が私の著書『カナダの教訓』（ＰＨＰ研究所、２０１３年）です。佐藤誠三郎東大教授から「貴方の本はサントリー学芸賞を得ることになりましたよ」と言われましたが、結局そういう連絡はきませんでした。

「米国とカナダの違いはどこか」

この問いはスパイが回答を与えてくれる分野ではありません。いろいろな人に問いかけを行いました。何人かが「歴史小説家ピエール・バートンの本を読め」と指摘してくれました。ピエール・バートンは著書『Why We Act Like Canadians』で「ゴールド・ラッシュの時のアメリカのカナダの違いが今日にも通ずる」と指摘していました。

ゴールド・ラッシュはあらゆる種類の人を引き付けた。カナダの中心地ドウソンは3万人の都市である。その人口の四分の三が外国人で、その大半はアメリカ人である。従って、当時のドウソンは、カナダの国の中にあるが、アメリカ人の町とすらいえた。町が大きくなるにつれ、風俗営業も出てき、映画館もできれば、売春すら許される。しかし、町にはすぐに、カナダ連邦警察から警官が来て、カナダ流の法と秩序が支配した。無法者もアメリカから入ってくる。しかしすぐ、連邦警察が無法者から銃を取り上げる。抵抗するガンマンがいたかもしれない。アメリカの保安官の運命と同じように、射殺された警察官が出たかもしれない。しかしアメリカの西部と異なり、首都オタワから次々と交代の警官が来て、同じ法と秩序の維持に努める。ガンマンといえどもカナダにいる限りカナダの法律に従わざるをえない。苦労と金を使ってやっと金鉱の近くにきたのである。法に従うのが、自然の選択であった（訳は引用者）。

ゴールド・ラッシュは、同じ時期アメリカのアラスカでも起こっていました。バートンは同じ頃のアラスカのゴールド・ラッシュの中心地、サークル・シティの状況を調べます。

ゴールド・ラッシュ。アメリカン川での採掘（1852 年）

当時サークル・シティの中心地には、監獄も、法廷も、保安官もない。郵便局も学校もない。人は孤独を求め、流れてきた。一人の人間の自由が他人の人間の自由を侵害した時には、丸太小屋の酒場で、鉱夫の集まりが開かれる。この集まりこそ、絞首刑、追放などの全ての権限を有する。あるとき、酒場の主人が混血の女性を誘惑したとして、鉱夫の集まりが招集された。ここでは、皆が検事、弁護士、裁判官の役割を同時に演ずる。結局、判決は、酒場の主人がこの女性と結婚するか一年の懲役のどちらかの選択を求める。酒場の主人の選択は結婚だった。

酒場のバーテンが、ガンファイターを射殺する。鉱夫の集まりが招集され、正当防衛として、無罪になる。この判決は、ワシントンに報告され、承認をうける。この鉱夫の集まりは合法的なものと見做されたのである（訳は引用者）。

こうしてバートンはアメリカとカナダの違いを比較します。そして、金鉱での動きは、極めて**アメリカ的な「on the spot民主主義」**であり、アメリカの政治の原点であると指摘しています。大統領府であれ、**権限のある人々の集まりが全て**なのです。**新たな集まりができれば新たな規範が出てくる**。これが米国です。

こうした判断を持てるのは、スパイの分野ではありません。スパイは短期的に相手国の政治家や官僚がどう考えているか、それにどう対応するかを考えるのが任務です。

では、カナダはアメリカとの違いにどう対応したか。

カナダには、当時アメリカと対立した時、アメリカに従えばいいという発想はありませんでした。それを貫けば、十分の一の国力の国はアメリカに吸収されてしまいます。

カナダ政府は、アメリカでは議会が国務省より強いことを認識しています。

そこでカナダは、**米国全議員のデータ・ベースを作りました。彼らがカナダについてどう発言し、カナダ関連の法律にどう対応したかを収集したのです。カナダについて批判的な行動をとってきた議員については、選挙区の支持者、対立者の調査をします。そして、カナダの利益に反する行動をとる時には、この選挙区の支持者、反対者に働きかけるのです。**

具体的にカナダがどういう工作をしたか見てみましょう。

米国とカナダで自由貿易交渉がありました。ロナルド・レーガン大統領が交渉を開始すると言いました。ところが、アメリカ上院財政委員会の承認が得られない様相になります。上院財政委員会の票読みで、交渉開始賛成9反対11で否決されるらしいという確度の高い情報を得たカナダ側は、反対している11名の立場を詳細に調べました。反対から賛成に転じさせることができる人物はいないか、入念に調査したわけです。その結果、**工作の対象者としてハワイ選出のマツナガ議員が浮上しました。**

かつてメキシコが国連で反イスラエル決議に参加した時、アメリカのユダヤ・グループがメキシコでの休暇取り消し運動を展開し、メキシコに大打撃を与えて立場を変えさせた事例がありました。この事例を使おうということになり、カナダ側は「もしハワイが自由貿易に賛成しないのなら、カナダ人は怒って、ハワイでの休暇を差し控えるかもしれない」とマツナガ議員に伝えます。結局この作戦は成功しました。

情報部門との接触を密に

米国情報機関CIAは2つの柱を持ってます。「工作」分野と「情報」分野です。CIA長官の下に「工作担当」副長官と「情報担当」副長官がいます。「工作担当」部門には、肉体的格闘を行い、最終的には殺人もできる能力のある人で構成されます。他方、「情報担当」分野ではイエール大学卒等国際情勢を理解できる人たちで構成されます。同じ組織にいても人種が違います。

日本には警察の公安部門や、公安調査庁など防諜に優れた機関がありますが、これらは「情報」分野に強いわけではありません。従って、日本が西側の情報機関と交流する際には、西側の「工作」部門と、日本の「防諜」機関の交流となります。

もちろん、CIAなどは日本に情報を提供します。しかし、それは日本を動かすために、「工作」の一環として情報を提供するのです。

例えば、北朝鮮の核施設開発の極秘情報を提供したとします。それは北朝鮮への警戒色を高め、日本の防衛政策を北朝鮮攻撃できる態勢に誘導するための情報提供です。イラク戦争の時

にはサダム・フセインが核兵器や化学兵器を開発している情報を提供しました。それは日本を対イラク戦争に参加するよう誘導するための情報提供です。

私は特定国の情勢判断をする時には、最低1カ国、できれば2カ国の滞在経験が必要だと思っています。

例えばロシアを見る時に、ロシアだけの海外滞在なら、特定現象が「日本ではない」ということから起こっているのか「ロシア特有の現象なのか」がわかりません。

かつ、より重要なのは、世界全体の流れを理解できるかです。

本書の「序章」でも述べたように、MI6の長官だったディアラヴはナイロビ、プラハ、パリ、ジュネーブ、ワシントンに勤務しました。つまり、発展途上国問題、ソ連問題、国際機関、ワシントンという重要な要素を肌身で感じられるように育てられたのです。ワシントン勤務だけで国際通になれるわけではありません。

日本の国全体として西側諸国の「工作部門」との接触は密ですが、「情報部門」との接触は薄いのです。

「○○国の情報を教えてください」ではダメです。先方の説明をひっくり返す力がなければ、微妙な情報は入ってきません。

1999年のコソボ空爆の時にNATO軍はセルビアの道路、橋等の民間施設を空爆しました。軍事オペレーションと関係ないとみられる攻撃もありました。

何故そんなことが起こっていたのでしょうか。

単なる誤爆でしょうか。

当時、私はNATOに参加する国の情報機関の人と、外国で会っていました。彼は思いがけないことを述べました。

「このセルビアの民間施設に対する爆撃はコソボ独立とは関係ない。この地域ではセルビアが強い。放っておくと、この作戦の後、セルビアはまた軍事力を強化する。それをさせないために民間設備を叩いておく。そうすれば終戦後も民間施設の復旧に力を注がなければならない。軍事に回す余裕はない」

こういう内容をボソッと言ったのです。

考えてみると、第二次世界大戦中、米軍は徹底的に日本の都市を破壊しました。ドイツの都市も破壊されました。「都市を破壊すれば降参に結び付くか」というと、そういうわけでもありません。しかし、**「再度軍事的に立ち上がれない国にする」という観点に立てば、合理的な行動です。**

こうした本音を「ボソッと言う」雰囲気を作らなければなりません。

映画『プライベート・ライアン』と"無駄死"

1997年、国際情報局長に任じられた私は、西側諸国の情報機関の分析部門と接点を持つことを自分の責務と位置づけました。

米国国務省には情報調査局（INR）があります。ここは300名くらいの陣容です。通常はここが外務省の国際情報局のカウンターパートです。しかし、私はこの部局との接触は避けました。INRとCIA、双方と関係を持つのは無理だからです。

また、この頃には、東京に滞在する各国の情報機関の人々とも接触を強めました。その中にCIAの人もいます。

彼と話している時に、映画『プライベート・ライアン』の話題になりました。

『プライベート・ライアン』のあらすじは次のようなものです。

「1944年、連合軍はフランスのノルマンディ海岸に上陸するが、多くの兵士たちが命を落とした。そんななか、アメリカ陸軍参謀総長マーシャルの元に、出征したライアン家4兄弟の

『プライベート・ライアン』（1998年）©AFLO

うち3人が戦死し、残る末子ジェームズ・ライアン二等兵も敵地で行方不明になったという報告が届く。これを受けて、マーシャルは「ライアンを保護して本国に帰還させるよう」に命令した。その任務を負ったのは、ノルマンディ上陸作戦の激戦を生き延びたミラー大尉だった。ミラー大尉と彼が選んだ7人の兵士たちは、ライアン1人を救うために8人の命が危険にさらされる任務に疑問を抱きながらも戦場へと向かう。しかし、そこはまだドイツ軍の支配地域。結局このミッションは成功し、ライアンは救い出されるが、救出に向かった7名は皆死んだ」

ライアンは一兵卒です。その救出に彼より上官の7名が死ぬのです。

軍事的にはライアン救出に何の合理的理由はありません。「ライアン家の4人の子ども全員が死んでは困る」という広報上の観点だけの作戦です。

私はCIAの人間に「我々は上司から馬鹿な命令をうける時がある。馬鹿馬鹿しいと思っても通常従う。従っても別に命に別状はない。だが貴方たちは違う。馬鹿馬鹿しい命令に従ったら命を失うこともある。馬鹿馬鹿しい命令をうけた時、貴方はどうするのか」と問いました。

彼は少し考えて次のように話し始めました。

「私は『プライベート・ライアン』を4回観た。貴方は7名の死を〝犬死じゃないか〟という。でも**私たちの組織は、個人の視点から見ると犬死のような死を前提に成り立っている**。君はノルマンディへ行け。そしてノルマンディ作戦が何であるかを考えたらいい。連合軍は崖下に着いた。そして縄を投げよじ登っていく。崖の上にはドイツ兵が機関銃を持って待ち構えている。よじ登る途中で多くの兵士は死んでいく。悔しいじゃないか。銃と銃の打ち合いで死ぬならしょうがない。だがこちらは銃を構えることもできない。打ち返すことができないのだ。だが、〝無駄死〟の上に誰かがよじ登って、ノルマンディ作戦は成功した。**〝無駄死〟は、決して〝無駄死〟じゃないんだ**」

このCIAの人間とはクリスマス・カードを交換し合って、もう25年になります。

ヨルダン現国王は王子時代、「青森りんごと松阪牛」のために来日

1998年10月、アブドッラー・サウジ皇太子（第6代サウジアラビア国王、2015年崩御）が27年ぶりのサウジアラビアからの元首級訪日を行い、小渕恵三総理との間で「21世紀に向けた日・サウジ協力共同声明」に署名しました。政界や財界が最大級のもてなしをしました。

この時、私のところに駐日ヨルダン大使から電話がきました。「至急会いたい。困っている。助けてほしい」とのことです。

「実は明日、（ヨルダンの）アブドッラー王子が日本に来る。ところが日本の中東関係者は皆、

第６代サウジアラビア国王（2007年）

〝サウジアラビアのアブドッラー皇太子の応接で忙しい〟と言って、誰も会ってくれない。局長、夕食をしていただけないか。貴方の〝国際情報局長〟という肩書はもっともらしく聞こえる」

今はもうないのですが、当時、文京区西方に、民家を改造した洒落たフランス料理店がありました。そこで大使と三人で夕食を共にしました。個室の入り口には、王子が連れてきた警護官が立っていました。

王子は個人ジェット機でアメリカから来たのです。「何故」と聞くと「青森りんごと松阪牛を買いにきた」と答えました。「青森りんごと松阪牛!?」と私が繰り返すと、「国王フセインが、米国ミネソタ州の病院で治療を受けている。多分近いうちに亡くなる。〝死ぬ前に食べたいものがあるか〟と聞くと、〝青森りんごと松阪牛〟と言う。それで私は、ジェット機を自分で操縦して日本に買いにきた」とのことでした。

王子はヨルダンの情報分野を統括していました。４時間以上話したと思います。当時、イスラエルとパレスチナが緊迫していました。「この地のＣＩＡ情報の三分の二は自分の情報だろう」「シリア、イラクからくる武器は我が国を経由してサウジにも流れている」

当時のアブドゥラー王子は、次の国王になる皇太子ではありません。皇太子は、国王の弟ハッサンでした。ハッサンは汎アラブ的思想を持ち、西側諸国とは距離を保っていました。一方、アブドゥラーの母は英国人で、英国士官学校を卒業しています。

1999年1月、フセイン国王はアブドゥラーを皇太子に指名。アブドゥラーは1999年2月7日即位しました。青森りんごと松阪牛がこの皇太子交代にいくばくかの貢献をしたかもしれません。青森りんごと松阪牛を手配していた駐日大使は新国王のもと、外務大臣に栄転しました。アブドゥラーは情報を大切にする人間です。ある時、元MＩ6長官の葬儀がありましたが、外国からの元首級の参列者はアブドゥラー国王だけでした。

アブドゥラー２世・ビン・アル＝フセイン現国王（2020 年）1998 年、アブドゥラー王子時代に青森りんごと松阪牛を買いに来日された

この当時、米国内部ではイラク空爆の構想がありました。私はヨルダンに行き、情報機関のトップと会いました。この時期、米国のイラク攻撃が起こるのか、現地の雰囲気を知りたかったのです。

彼は笑いながら**「局長。貴方の座っている場所には、昨日英国外務省の次官が座っていた」**と言います。次官はジョン・カーです。まさに私が英国陸軍学校でロシア語を学んだ時の同僚、ジョン・

カーです。こんな所でジョン・カーの名前が出てくるとは思ってもいませんでした。

情報関係のトップは、「次官は実に面白い人物だった。次官は笑いながら自分たちは今、米国に〝サダム・フセインを懲らしめなければいけない。だから我々はイラクに空爆しなければならないと思っている。でもこれは重大な工作だから我々米英二カ国で行うのはよくない。**世界全体でやろう。国連総会で決議を採択しよう。この支持獲得に向け英国は全力を尽くす**〟と言っている。そして次官は続けて言った。〝**この意味するところがわかりますか**。我々は表向きイラク空爆をするために動くのです。ここには何の嘘もない。国連で、全力で働く。だがロシアが反対する。国連総会で決議を採択できない。だからイラク攻撃も起こらない〟。

この時ヨルダンは「イラク攻撃は地域を不安定にする」と反対していました。つまり、ジョン・カーは「**表向き米国のために戦力で働くが、本心は貴方たちと同じく、イラク空爆に反対のために動く**」と伝えに来ていたのです。私にはこうした知恵はとても出てきません。

英国陸軍学校時代のジョン・カーは細身でした。同じく発言も刃を光らせる鋭さがありました。でも、変化しました。体はどうしようもないくらいに太っています。鋭さの印象は消えましたが、奸智《かんち》は増したようです。

彼は当時、柳井俊二外務事務次官との日英外務次官級会談のために来日しました。大使主催の夕食会では30年前の、陸軍学校時代のビリ争いが話題になりました。

ワシントン勤務の新聞記者の危険性

日本の新聞の特色は、どの新聞も内容がほぼ同じだということです。それは、新聞各社が政府、検察・警察、企業などの説明を基礎にして記事を書いていることによります。従って、他の新聞社が報じているのに自社が報道しないと、大変なことになります。

いわゆる**「特落ち」**です。

実はこの傾向こそ、**メディアが権力に利用される源泉**となっています。

そうした事情は、ワシントンに勤務する記者でも同じです。

CIA等の情報機関が「貴方は我々の協力者になるか。なれば重要な情報をあげる。もし協力者にならなかったら、貴方にはあげない。他の社の記者にはあげる」と言われた時どうするのでしょうか。

「協力しない」と言えば「特落ち」の可能性があります。

「協力する」と言えば「特ダネ」の可能性があります。

その状況で「協力者にはなりません」と言える記者がどれくらいいるでしょうか。

私は、ある記者が「CIAの協力者になる」と書面にサインした事例を知っています。この記者は「私がそれを知っている」ということを知っています。だから私には接近してはきませんでした。

当然、いい情報を貰っていたでしょう。この人はその後、社の幹部になりました。その後の彼と米国の関係は知りません。

橋本首相は米ドル支配体制に挑戦しようとした？

私が国際情報局長に就任したのは、橋本龍太郎政権（１９９６年1月〜１９９８年7月）が誕生してしばらく経った時期でした。

橋本首相のところには何回か単独で、国際情勢の説明にうかがいました。首相を辞められた後、平河町にある事務所にうかがったこともあります。

外務省国際情報局長時代の著者（1998年）

私の説明が終わった時、「この人を知っているか」と二、三度聞かれることがありました。私は知りませんでした。橋本首相のいう「この人」は、ほとんどがフランスを中心とする欧州の金融界の方でした。そうした人々への先導役は行天豊雄氏や内海孚《まこと》氏等、大蔵省の方々が務められていられたようです。橋本首相自身、欧州を訪問し、金融問題を協議するつもりだったと思います。

橋本首相が辞められた後、続く小渕恵三首相はかなり早い段階で欧州訪問を行い、真っ先にフランス、次いでイタリア、ドイツへと訪問されました。その際、外務省は「小渕総理の訪欧の意義」というブリーフ資料を作り、次のようにまとめています。

1．総理訪欧のねらい

（1）欧州統合は歴史的な新段階に（**ユーロ導入**、ＥＵ拡大に向けての動き等）

↓躍動する欧州の動きを積極的に評価

↓引き続き開かれた欧州との協力を推進

（2）日本経済再生に向けての力強い決意の表明

↓欧州主要国首脳の理解と支持

⇓日本がアジアにおける欧州の信頼され（ママ）、かつ安定したパートナーであることを印象づける

2．各国首脳との会談テーマ（欧州へのメッセージ）

（1）日本経済再生に向けての強い決意の表明

（2）**安定したユーロへの期待と支持の表明**

（3）欧州周辺諸国の安定に向けての日本の貢献（ロシア、旧ユーゴ、中東等）
（4）アジアでの取り組みにおける欧州との一層の協力強化（アジア経済危機支援、KEDO等）
（5）グローバル・パートナーとしての日欧協力強化の呼びかけ
（国際金融システム改革等）

3．各国首脳との個人的信頼関係の構築・強化

（1）仏：シラク大統領との盟友関係、ジョスパン首相（初）
（2）伊：ダレーマ新首相（初）
（3）独：シュレーダー新首相（初）
（外務省HPより：https://www.mofa.go.jp/mofaj/kaidan/kiroku/s_obuchi/arc_99/europe99/igi.html）

注意して読むと、**通貨問題への比重が高いことがわかります**。通常の欧米諸国への訪問時の優先順位とは様相が異なります。

これを踏まえた上で、菅沼光弘著『日本核武装試論』での橋本首相に関する記述を見てみたいと思います。

総理大臣時代にアメリカ・コロンビア大学での講演で、「アメリカの国債を売ってしまいたい行動にかられる」と発言し大問題となりました。

橋本にすれば長らく円高・ドル安に業を煮やした日本の総理大臣としてのジョークの積もりだったのですが、この発言の直後にニューヨーク・ダウが192ドル下落して1987年のブラックマンディ以来の値下げという笑えない展開になってしまいました。当然アメリカにとっては、聞き捨てならぬ言葉だったのです。

その後の橋龍の凋落ぶりはまさにジェットコースター並み、支持率の低下は消費税が主原因ですが、総理退陣後に（中国）**女性スキャンダルや日歯連闇献金などが次々と発覚**、派閥での指導力をなくし、2006年7月に**68歳の若さで亡くなっています**。

発表された死因は**「腸管虚血を原因とする敗血症性ショックによる臓器不全」**でしたが、不明点も多く、暗殺説が流れました。

（注：敗血症とは、感染症をきっかけに、様々な臓器の機能不全が現れる病態。重症化すると、4人に1人が亡くなると言われています）

ある人と話していたら、**当時の橋本氏は大変元気**で、中国の黄山に登るなどしていたはずだと言われました。

橋本龍太郎（2002 年）© 産経ビジュアル

調べてみると確かに橋本氏は4月下旬に黄山にいます。黄山は山岳景勝地です。橋本元首相は山登りが趣味ともいわれています。その2、3カ月後に亡くなられているのです(ただし、日程に関しては必ずしも確証はありません)。

私は、橋本首相は、欧州と組んでドル体制に対抗することを考えていたのではないかと思います。

だとすると、**米ドル支配体制へのチャレンジ**ですから、当然米国は神経をとがらせていたと思います。

米国に不信感をもたれた「日本最強の政治家」野中広務

小渕内閣（1998年7月～1999年10月）の頃の官房長官は野中広務氏です。

官房長官というポストは、全省庁を手中に収められます。

野中氏の前に官房長官を務め、首相になった人に、佐藤榮作、大平正芳、鈴木善幸、竹下登、宮澤喜一、小渕恵三氏がいます。

当時、官房長官としての野中広務氏の力は絶対的で、完全に各官庁を掌握していました。野

野中広務（2013 年）© 産経ビジュアル

中氏自身、「影の総理」と呼ばれ、首相になるのは時間の問題という印象でした。

２０００年に小渕首相が病に倒れると、森喜朗自民党幹事長、青木幹雄官房長官、村上正邦参院議員会長、亀井静香政調会長と協議を行い、森幹事長を小渕の後継自民党総裁にすることになります。野中氏も、森の後継として自民党幹事長代理から幹事長へ昇格しました。

党を押え、官房長官のポストも経験した**２０００年頃の野中氏は、「日本最強の政治家」**だったのではないでしょうか。

一方、**米国は野中氏に強い不信感**を持っているようでした。

何故かはわかりません。

北朝鮮関連が一つの要素であったと思います。

野中氏は２００３年10月、小泉政権時、国会議員を辞めています。あまりに唐突でした。

絶対的権力を持たれていた時代を知るだけに、その人がわずか数年の間に引退されたので、「何故」と思ったものです。

【第十章】

駐イラン大使時代

1999~2001年

20年越しに明らかになったホメイニ師の秘密のメッセージ

1999年、私がイラン大使に就任した直後、あるパーティに出かけました。多分どこかの国の祭日だったのでしょう。

ある人が、私に近づいて、**「革命前、ホメイニはパリでCIAと接触していました」**と囁《ささや》きました。混雑していたので、相手が誰だったのか、全く確認できませんでした。興味深かったのですが、確認する術《すべ》がありませんでした。公表していたら「陰謀論だ。よくもまあ、そんな囁きを信ずるものだ」と叩かれていたでしょう。

しかし、この囁きを裏づける報道が、約20年後に出てきました。

2016年6月3日付でBBCが報じた「一月の二週間：米国のホメイニとの秘密接触(Two Weeks in January: America's secret engagement with Khomeini)」と題する記事です(https://www.bbc.com/news/world-us-canada-36431160)。

1979年1月27日、米国を「大悪魔」と呼んだ男、そしてイラン・イスラム共和国の創設者でもあるホメイニ師はワシントンに秘密のメッセージを送っていた。

彼はパリ郊外の亡命先の自宅から、米国側に対して〝カーター大統領が(イラン)軍へ

ホメイニ師（1980年）

の影響力を利用して（自分の）政権奪取への道を切り開くことができれば、自分はイラン国民を落ち着かせることができるだろう。安定は回復され、アメリカの国益とイラン国民は守られるだろう〟と事実上の取引を持ち掛けた。

当時、イラン情勢は混沌としていた。抗議活動参加者は軍隊と衝突し、商店は閉鎖され、公共サービスは停止された。一方、労働者のストライキにより石油の流れはほとんど止まり、西側諸国の重要な利益が危険にさらされていた。

イランの独裁的統治者・パフラヴィー国王は、カーターの説得により、ついに海外へ〝休暇〟に出かけた。

ホメイニ師は神経質になっている軍を恐れ、国王擁護派の上層部はホメイニ師を嫌っていた。さらに彼らは、カーター大統領が派遣したホイザー米空軍大将と連日会談していた。

ホメイニ師は15年間の亡命を経てイランに戻り、シャー（パフラヴィー国王の通称）の〝休暇〟を永続化する決意を固めていた。

そして、ホワイトハウスに対し、〝37年間の戦略的同盟国を失う可能性を考えて、パニッ

モハンマド・レザー・パフラヴィー国王（1973年）

クに陥らないよう〟に伝え、自分も友人になることを約束した。

また、〝我々がアメリカ人に特別な敵意を持っていないことがわかるだろう〟とも述べ、イスラム共和国が〝全人類の平和と平穏のために役立つ人道的な共和国〟になると誓った。

ホメイニ師のメッセージは、外交公電、政策メモ、会議記録など、新たに機密解除された米政府文書の一部であり、ホメイニ師との米国の秘密関与について、ほとんど知られていない物語を伝えている。

ホメイニ師のメッセージは、ホメイニ師の事実上の首席補佐官と在仏米国政府代表との間の2週間にわたる直接会談の集大成であり、**この静かなプロセスはホメイニ師のイランへの安全な帰国と急速な政治的台頭への道を切り開くのに役立った。**

イランの革命に関する公式見解では、ホメイニ師は勇敢に米国に反抗し、国王の権力を維持しようとする必死の努力を続けた「大悪魔」を打ち負かしたとされている。

しかし、文書は米・イランの両政府がこれまで認めたよりもはるかにホメイニ師が米国と関与していたことを明らかにしている。ホメイニ師は米国に反抗するどころか、カーター政権に接近し、対話を望んでいるという静かなシグナルを送り、そして、将来のイスラム共和国は米国の利益にかなうものであると描写した。

今日に至るまで、カーター政権の元当局者は、ワシントンは、行動方針をめぐって大きく分裂していたにもかかわらず、シャーとその政府をしっかりと支持していたと主張している。

しかし、文書には、舞台裏での米国のより微妙な行動が示されている。国王がテヘランを去ってからわずか2日後、米国はホメイニ師の特使に対し、〝イラン憲法を改正して事実上君主制を廃止するという考えには原則としてオープンである（つまり反対はしない）〟と伝えた。そして彼らはホメイニ師に〝イラン軍指導者たちは政治的将来について柔軟である（つまり反対はしない）〟という重要な情報を与えた。

（訳は引用者、一部中略・要約）


20年前、誰かがパーティの席上で私に囁いてくれた内容は正しかったのです。

ホメイニ政権の反米路線は〝突然〟形成された

また、別の囁きがありました。今度は女性でした。これもパーティの席上だったので、誰だったか全くわかりません。
「**1979年2月14日、諸グループが米国大使館を占拠**した件があったでしょ。あの日、私も途中までデモに参加していたんです。それまでのデモと何も変わりませんでした。**デモの最初、〝米帝国主義打倒〟なんて声は一つもありませんでした。**

デモに疲れたので、二時間ぐらい映画館に入って、映画を観てたんです。出てきたら、デモの様相が一変していました。デモはすっかり『米国帝国主義反対』になっていました。いったい誰がデモの流れを『米国帝国主義反対』に切り替えたのか、今でも不思議に思っています」

考えてみると、ホメイニはイランをイスラム法で統治したかったのであって、それは米国と対立しなくてもできました。

さらに米国大使館占拠はイスラムの宗教家が扇動したのではありません。学生たちです。だとすると、この学生たちを動かしたのは誰だったのでしょうか。

結果的にこの事件は、見事にアメリカとイランの間に楔《くさび》を打ち込みました。

当時、誰がそんな能力を持っていたのでしょうか。

可能性の一つとして考えられるのは、**ソ連のKGB**。もう一つは、**イスラエルの情報機関モサド**です。

何故モサドなのか。

イスラエルは、米・イラン関係が良好になると困るからです。

私は駐イラン大使を務めていた頃、国連から派遣された人たちとよく会っていました。当時のイランの大統領は「文明間の対話」路線を掲げていたハタミ氏です。この時期、西側諸国の中でイランとの関係を修復する動きが見えていました。アフガニスタン問題で米・イラン間の協力が成立し、米国が「一部の戦略的分野で米国とイランの利益が合致している」と述べていた時期があったのです。

ハタミ大統領と駐イラン大使時代の著者（2000 年頃）

ある時、緒方貞子・国連難民高等弁務官がイランへ来られました。公邸で夕食会を催した際、緒方氏は「世界はアフガニスタンの難民問題にもっと関心を寄せてほしい」と西側大使に訴えられました。

しばらくしてテヘラン駐在の国連の代表が私の所に来て「緒方さんの件ではありがとう。実は国連からもっと重要な人物が来る。それは事務総長補佐官だ。元コロンビア大学学長だ。夕食会を催してほしい」と依頼してきました。

その事務総長補佐官だったか、国連のテヘラン駐在の代表だったかが、次の発言をしました。

「米・イラン関係は進展しません。進展すると、イスラエルの対パレスチナ強硬路線は持ちません。**イスラエルはあらゆる手段を使って米・イラン関係の進展を阻止します**」

この内話が示すように、イスラエルは明確に「米国とイラン関係の良好な関係を阻止したい」と思っています。

そして、イスラエルのモサドは、自己の方針を実行する能力をイラン国内に有しています。

2024年7月31日、パレスチナのイスラム組織ハマスは、「最高指導者ハニヤ氏が、訪問先のイランの首都テヘランで殺害された」と発表しました。これは一般的にイスラエルが実行したとみられています。

あるいは、2020年11月27日、イランの物理学者で核開発計画を指揮していたとみられたファフリザデが別荘とテヘランの間を自動車で移動中銃撃によって暗殺されました。これも一般にはイスラエルが実行したとみられています。

話をイラン革命時に戻します。

イスラエル諜報機関にとって、イランの革命勢力と米国が協調関係に入ることは極めて憂慮すべき事態です。

そして、ホメイニ師は米国と協調する路線を米国側に秘密裏に伝えています。

イスラエル側には、デモの流れを反米に変える動機は十分にありますし、モサドの実力をもっ

てすれば、その工作は十分実施できたでしょう。

チェイニー米副大統領が日本・イランの経済発展を止めた

イランのモハンマド・ハタミ大統領は２０００年10月31日に来日しました。イランからの元首クラスの訪日は実に42年ぶり、イラン・イスラム革命後では初めてのことです。経済協力が冷え込んだ日・イラン関係の改善を主眼に置いた訪日でした。ハタミ大統領は、日本経済界に、石油開発など、イランへの投資再開を呼びかけました。

ハタミ大統領は１９９７年、改革派の旗手として大統領に就任し、１９９８年の国連総会での「文明間の対話」演説を行いました。革命後、国際社会から孤立状態にあったイラン外交を現実路線に戻しました。

ハタミ大統領の訪日を契機に日・イラン関係の発展が模索されました。

ただ、問題がありました。

アメリカの反対です。

モハンマド・ハタミ大統領

アメリカの反対のなか、経済関係の発展を行うのは難しいことです。関与した企業が経済制裁を受けるかもしれないからです。例えば、米国に資産を持っている日本企業は、資産の没収・凍結があるかもしれません。特に、三菱商事や三井物産などの大手商社、銀行は慎重でした。

従って、日・イランの経済関係を発展させるのは、米国との取引がない会社でないとできません。

そこで出てきたのは、総合商社のトーメン（２００６年に豊田通商と合併・消滅）です。

しかし、まだ課題がありました。

貿易の決済をしなければなりません。

日本の大手銀行は米国との取引を行っています。ここでも資産の凍結・差し押さえのリスクがあるわけです。

トーメン幹部に知恵者がいました。仮にAとしましょう。

Aは一つの機構を作りました。

イランは日本に石油を輸出する。イランは輸出で受け取ったお金をこの機構にプールする。

日本の会社が商品を輸出した際には、この機構からお金を受け取る。

これなら銀行は介入しません。

この機構により、日本・イランの経済関係が発展する可能性が出てきました。

では、米国はどうしたでしょうか。

ディック・チェイニー副大統領が「Aをイラン関係から外せ」と言ってきました。

これには私もさすがに驚きました。**米国の副大統領が、商売の現場の人事にまで介入してきたのです。**

副大統領が動いたわけですから、彼が働きかけたのは日本のハイレベルの人です。当然、日本は従うことになりました。

元KGBの旧ソ連の大使たちとの交流

大使としてイランに滞在中、私が最も活発に交流した相手は各国大使です。

特に前任地のウズベキスタンの大使とは昵懇《じっこん》に交流しました。ウズベキスタンとイランはほぼ隣国のような存在ですから、しばしば閣僚クラスがイランに来ます。イランの閣僚クラスの人の中には、ウズベキスタンにいた時に交流した人もいました。この閣僚クラスから「じゃあ、一緒に朝食でも食べようか」という話も出てきます。

当時、ウズベキスタン大使との関係が深まったのは自然な流れでした。会話はロシア語で行います。そのうち、「ロシア語で話す大使の会があるから貴方も来ないか」と誘われました。

その会合に出席してみると、そこは旧ソ連圏から独立した国々の大使たちの集まりでした。

ロシア大使は排除されていました。

彼らの最も共通した話題はアフガニスタン戦争です。彼らはペルシア語の専門家でした。ペルシア語が通じるアフガニスタンに派遣されていたのです。そのうち、皆がKGB出身ということがわかります。

旧ソ連時代、多くの若者は海外への赴任を望みました。ロシア人の多くは外交官になりました。旧ソ連でロシア人でない人間の多くはKGBに回されました。

このグループの長はウクライナ人でした。彼はKGBで将軍クラスでした。アフガニスタン戦争で二度死にかけたそうです。一度は乗っていたヘリコプターが被弾しました。彼は、ドアをけり破って飛び降りました。いま一度は自動車で移動中、待ち伏せを食らったそうです。この包囲網を破って逃げ出すことができました。猛者《もさ》です。でもこの集まりにいる人々は各々が生き延びてきた経験を持っています。

イランはアメリカと国交がありません。ウクライナは旧ソ連で武器製造の中心でした。ウクライナは独立後、イランへの主要武器供給国となり、大使はその中心にいました。

とにかく事情通なので、日本大使公邸に招いて二人で夕食を共にしました。

当時、北朝鮮の軍人がイランで働いているという噂がありました。イラン・イラク戦争では北朝鮮のミサイルがバグダッドを攻撃しました。

私がこの話を持ち出したら、グッと睨まれました。「そんな話、ここでできるわけないだろう。明日、私のオフィスに来い」と言われました。確かに日本大使公邸には傍聴を防ぐ何の設備もありませんでした。

誰が米国のために働くか

米国はイランと国交がありません。しかし、イランと接触する必要性を感じる時があります。そのような時に、誰が仲介役になるのでしょうか。

例えば、米国がイランと関係を修復したいと考えるとします。もし日本を仲介にしたら、日本はそれを前提に独自に動きます。日本は国際社会ではある程度大きい国です。その大きな国が「米国がイランと修復したい」という情報をもとに動く。それは一つの流れを作ります。そうなっては、アメリカは困ります。

だから、**適役なのは比較的小国**です。

米国・イラン関係における公式のチャネルはスイスです。

オランダも使われます。

2024年4月イランは、イスラエルに多数の無人機やミサイル攻撃を行いましたが、イランは米国に事前通報をしています。この時はスイスと共に、オマーンが連絡役を務めました。豪州やカナダも、時に米国のために働きます。

私がイランにいた時、「イラクとの国境付近で豪州の民間人がスパイ容疑で捕まった」という話を耳にしました。

民間レベルの米国・イラン関係は複雑です。

国王が国外へ脱出した後、国王近辺の人は米国に逃げました。富豪もいます。彼らは主にロサンゼルスに住んでいます。ビバリーヒルズは豪邸が並んでいることで世界的に有名です。イラン系のジミー・デルシャドは2007年ビバリーヒルズの市長に当選しています。イラン系米国人は純粋にビジネスなら、年に6カ月以内でイランに滞在できます。

こうなると、米国とイランはどこでどうつながっているかわかりません。

CIAやFBIは9・11を事前に察知できなかったのか?

2001年9月11日、午前8時46分ハイジャックされたアメリカン航空11便がニューヨークのワールドトレードセンター(世界貿易センタービル)に激突、計4機が主要建物に激突しました。「9・11同時多発テロ事件」です。

イランでは夜の10時頃でした。この時間、私たち夫妻はある大使主催の夕食会にでていました。確かパキスタン大使が主催していた夕食会で、参加者の多くがイスラム圏の大使でした。おそらく誰かが連絡したのでしょう。テレビがつけられ、CNNが映ると、皆が画面の前に集まりました。映し出されたのは、飛行機が激突し、建物が崩壊していく映像です。**大使たちは歓声をあげ、拍手が起こりました。**多分、多くのアメリカ人はこうした場面を知らないでしょう。米国はイスラム社会では嫌われる存在になっていたのです。ところで、CIAやFBIは9・11のようなテロ事件が起こる危険性を事前に察知していなかったのでしょうか。

CNNは2004年4月10日、次の報道を行いました（訳は引用者）。

以下は『**オサマ・ビン・ラディンは米国を攻撃する**』**と題する大統領へのブリーフィング2001年8月3日分の写しである。**原本の一部は安全保障上の理由により大統領府により非公開である。

秘密機関、外国政府、新聞報道によると、ビン・ラディンは1997年以降、米国への攻撃を意図している。ビン・ラディンは1997年に行われた米国テレビとのインタビューで「彼の支持者はユセフが実施した世界貿易センタービルの例を踏襲しようとしている、戦いを米国に持ち込む」と示唆した。レサムはビン・ラディンの右腕ズバヤダにロス空港攻撃を計画している旨を告げ、支援を得た。「ビン・ラディンが飛行機をハイジャックしようとしている」という、より衝撃的な情報に関しては裏付けがとれていない。しかしながら、FBI調査はニューヨーク連邦関連ビル監視などハイジャックないし他の攻撃の準備とみられる疑わしい活動を示唆している。

オサマ・ビン・ラディン

FBIはビン・ラディン関連の70の捜査を実施している。CIAとFBIは本年5月に入手した「ビン・ラディン・グループないし支援者が米国にいて爆薬を利用して攻撃することを考えている」との情報を捜査している。

これだけの情報が9・11同時多発テロの約1カ月前に大統領に報告されています。かつ、実行犯一味をビン・ラディン・グループないし支援者と特定しています。飛行機のハイジャックが手段として明確化されています。

何故ブッシュ政権は動かなかったのでしょうか。

「新たな真珠湾攻撃」を望んだ「アメリカ新世紀プロジェクト」

1997年6月、米国の有力な保守主義者たちは、「20世紀の歴史は危機が生ずる前に状況を整える必要があり、危機が差し迫る前に対応する必要があることを教えた。我々は地球規模の責務を追及するため**国防費を大幅に増強すべきである**」等を主張点とする「アメリカ新世紀プロジェクト（PNAC：Project for the New American Century)」というグループを立ち上げました。

このグループは保守強硬派をほぼ網羅し、2001年にブッシュ政権が成立するや、安全保障関係の中核を構成しました。

設立趣意書の署名者（S）及び会員には次の人物がいます。

〈人物名〉	〈ブッシュ政権での役職等〉
アブラムズ（S）	国家安全保障会議（NSC）中東部長
ブッシュ弟（S）	ブッシュ大統領の弟、フロリダ州知事
チェイニー（S）	副大統領
フリードバーグ（S）	副大統領府（安全保障担当）

ケーガン（Ｓ）　ネオコンの中心的存在
リビー（Ｓ）　副大統領府首席補佐官
ラムズフェルド（Ｓ）　国防長官
ウォルフォビッツ（Ｓ）　国防次官
アーミテージ　国務次官
ボルトン　軍備管理担当国務次官補
パール　国防諮問委員会委員長

この表を見ると、ＰＮＡＣメンバーはパウエル国務長官を除き、国務省、国防省の中核をほぼ完全に押さえています。

ＰＮＡＣは9・11テロの1年前の２０００年9月、彼らの数々の文書の中でも最も重要な「米国防衛再建計画」を公表しました。

この文書は、米国は新たな世紀において、安全保障面で世界の指導的立場を維持するために変革に取り組むべきであると主張した後、**「新たな真珠湾攻撃のように大惨事を呼びかつ他の現象を引き起こしていく事件がなければ、この変革は長いものになるだろう」**と述べています。

つまり、**軍事力強化には議会の反対などがあって容易ではないが、新たな真珠湾攻撃があれ**

ばその壁も破れ、米国の軍事優位が確保できる態勢が作れると主張しているわけです。

従って**「新たな真珠湾攻撃」の発生を歓迎**しています。

米国は新たな真珠湾攻撃を受ける危険があるので、それを「避けなければならない」と述べているのではないのです。「歓迎する」としているのです。

恐ろしい話ですが、実際、同時多発テロ事件が生じた時、国防省・国務省の幹部は「新たな真珠湾攻撃」を歓迎する立場の人々が占めていました。

さらにブッシュ大統領のサダム・フセインに対する対応を見てみます。

2000年の大統領選でブッシュの外交顧問の役割を担っていたコンドリーザ・ライス（後のブッシュ政権の国家安全保障問題担当大統領補佐官、国務長官）は、同年10月12日の外交評議会で次のように説明しました。

「サダムが政権にいる限りなにも変わらない。我々は政権の座から排除するためにありとあらゆる手段を用いるべきだ。ブッシュが最後に言ったことは、機会があれば行動に出るということです。サダムは時として自分で自分の首をしめるような行動に出るので、そうした機会は度々あるでしょう」

２００１年のブッシュ政権誕生時は、「軍産複合体」の利益を代表する「ネオコン」と呼ばれるグループは必ずしも主流ではありませんでした。だから、「アメリカ新世紀プロジェクト（ＰＮＡＣ）」というグループが形成されたのです。

今日ではどうでしょうか。

上記のリスト中のロバート・ケーガンの妻はヴィクトリア・ヌーランドです。彼女はウクライナ問題で活躍しました。

しかし、今や「軍産複合体」はバイデン政権の中核になり、「ネオコン」という特殊なグループに依存する必要がなくなっています。

トム・クランシー著『日米開戦』『合衆国崩壊』

トム・クランシーは、１９９４年、多くの日本人には「そんな馬鹿なことがあるわけはないだろう」と思われるような日米間の戦争をテーマにした『日米開戦』（原題：Debt of Honor）を刊行しました。

自動車や半導体で日米が対立し、「貿易戦争」と言われた時期です。同書は１９９４年９月４日付「ニューヨーク・タイムズ」紙のベストセラー・リストの「小説」部門で１位となりま

トム・クランシーの『CIA分析官 ジャック・ライアン』（シーズン4、2023年）
©Collection Christophel ／アフロ

した。大筋は次のようなものです。

「自動車問題がこじれ、日米が戦争状態に入る。日米合同演習中に日本の艦艇が〝仮想敵〟の米国艦艇を現実に攻撃。自衛隊の師団及び空挺団がマリアナ諸島を占領する。これらの奪回に、主人公ジャック・ライアンが活躍する。

紆余曲折の末、ジャックは見事日本との戦争状態を集結させることに成功。ダーリング米大統領もライアンの手腕を高く評価し、副大統領にジャックを指名した（前副大統領はセックス・スキャンダルで失脚）。

しかし、その就任式の最中、日本航空のパイロットがボーイング747を議会開催中の米国議会議事堂に突入する旅客機テロ事件を起こす。爆発により、大統領、議員の大半、最高裁判所判事が死亡したが、ジャックは九死に一生を得て大統領に指名された。ジャックはCNNのワシントンD.C.のスタジオで、生放送中に大統領就任の宣誓を行う」

この『日米開戦』の結末（旅客機によるテロ）は、後に9・11アメリカ同時多発テロ事件に類似していると話題になりました。

トム・クランシーは『日米開戦』の続編として、1996年に『合衆国崩壊』（原題：Executive Orders）を刊行します。書籍の解説・書評などで世界的に知られるウェブサイト「publishersweekly.com」は『合衆国崩壊』を次のように紹介しています。

896ページ、50万語の新しい小説はa bruiser（一般的には「強力な男」を意味する）だ。この作品には、前作『日米開戦』で設定されたノックダウンの前提から始まる。前作は、ジェット旅客機が議会に激突し、大統領、議員、閣僚、最高裁判事が失われるという結末で終わった。

新しい小説は、長年のクランシーの英雄で、墜落の数分前に副大統領のポストに指名されたジャック・ライアンが、国家元首に就任するところから始まる。

クランシーは事実上、3つの小説を1つにまとめて書いている。1冊目は約200ページで、大統領の義務と監視の渦に巻き込まれていったライアンの私生活の粉砕だ。彼は自分が「大統領（The Man）」であることを認識し、最終的な権力と責任を暫定的に受け入れる。このシナリオの中で、その問題を見事に詳細に扱っている。

このシナリオの中で、クランシーは他の主要なストーリーラインの種を蒔く。ライアンが保守路線に沿って政府を再建しようとするなか、国内のライアンに対する、そして彼の草の根のアメリカ的価値観に対する反対は、性悪な政治家、デブ猫（金持ち、時に献金者を意味する）、腐敗したメディアによって煽られる。

一方、イランでは外国問題が発生し、イラクを併合して、米国に対して生物兵器戦争を仕掛ける。クランシーはスリラーの中に医療スリラーを盛り込むことができる。

（訳は引用者、一部中略・要約）


トム・クランシーのこの2作の小説は次のことを示しています。

①飛行機を使って米国に対しテロ行為をすれば成功する可能性があること。
②生物兵器が米国国内で使用されること。
③大統領周辺のセックス・スキャンダルが政権の在り様と直結すること。
④米国国内へのテロと関連し、大統領権限が強化されていくこと。

恐ろしいことにこれら全てがその後実現しています（「②生物兵器が米国国内で使用されること」は発生の経緯は別として、新型コロナウイルスが米国国内に蔓延し、米国の社会、経済を大きく揺さぶりました。私は医学の専門家ではないのでコロナウイルスの起源について論ずることは行いません。関心のある方は2024年11月19日付「ニューズウイーク」（英語版）「Trump's Former CDC Chief Suggests US Origin for Covid（トランプの元CDC・米疾病予防管理センター所長へコロナの米国起源を示唆）」をご覧になるといいかもしれません）。

受動的なら、確度の高い予測はできません。能動的なら予測の確度は高くなります。

トム・クランシーは「米国は飛行機を使ってのテロ攻撃に大きい脆弱性があることを示した」とBBCで述べてます。

「米国を飛行機で攻撃できる」という着想が出れば、後は入念に実現の可能性を検討していけばいいのです。

『TIME』は2013年10月2日付の記事「トム・クランシーによって予言された4つの出来事（4 Real Life Events Predicted by Tom Clancy）のトップに9・11をあげています。

宗教派遣団、テヘランで自動車に追突される

私はイランにいた時、実権を持つ宗教界に食い込めないか思案してました。

宗教家たちはテヘランから約120キロメートル離れたコム市に住んでいます。遠い。それに警戒心も強い。それでも宗教界から出たハタミ大統領が訪日し、東京工業大学で「イスラム

神秘主義と禅」という標題で講演するなど、対話を容認する空気が出てきました。

ある時、コムの宗教界から「日本の大学と交流したい」という提言がありました。私は、日本の宗教学科を持つ幾つかの大学に手紙を出しましたが、返事は来ませんでした。

退官後、私が防衛大学の教授になったある日、日本の宗教団体から「イランに派遣団を送りたいと思うので助言をいただきたい」と連絡がありました。この派遣団は、仏教・キリスト教・イスラム教などのから構成され、薬師寺の方が中心だったと思います。

ところが、今度はイラン側があまり乗り気ではない様子です。

そのうち、「日本の首相クラスの人からハタミ大統領に手紙を出していただけると動く」という話になりました。実際にその手紙が作成され、イランに送られると、イラン側は受け入れると言ってきました。

ところが、準備をしている途中から、通訳の予定だったイラン人が「私は行けない」と言い出します。一行は現地でイラン人の通訳を見つけるということで出かけました。

一行は面会の約束を取り付け、テヘランからタクシーでコムに向けて出発しました。

すると、道中、このタクシーが後ろから別の車に追突されました。

約束があるからと言っても、警官は事故の処理が済むまで立ち去ることはできないと言い張ります。結局一行は事故現場に約5時間留められることになりました。

ようやく5時間後、コムに出かけましたが、約束の時間が過ぎているということで面会は流れました。

多分どこかで邪魔が入ったのでしょう。

大統領が承諾している案件でも、阻止する勢力があったのでしょう。

中東は内部対立が激しい時があります。そういう時は、うかつな行動はできません。

【第十一章】

防衛大学校教授、退官

2002年以降～現在

「イラクの核兵器開発はない」とNYTに寄稿したウィルソン

2003年3月20日、米国、英国、豪州の有志連合は、イラクによる大量破壊兵器保持における武装解除進展義務違反を理由として、イラク侵攻を行い、バアス党政権を倒し、新しく成立した政権の裁判の後、逮捕されたサダム・フセインを殺害しました。

日本は戦後初めてPKO活動外での自衛隊派遣を行い、有志連合の一員として戦争に参加し、イラク南部でインフラ整備、治安維持任務を実施しました。

そもそも、これは正当化できる戦争だったのでしょうか。

この戦争の核心は、イラクが大量破壊兵器、特に核兵器開発を行っていたかにあります。

2003年2月5日、国際連合安全保障理事会において、パウエル国務長官が、「イラクが化学兵器、生物兵器などを密かに開発・所持している」ことを主張しました。イラク戦争を主導した米国においては、その説に真っ向から反論する論調はほとんどありませんでした。

しかし、そんな環境の中で、新たな動きが出てきます。

私がイラクにいた時に米国大使館次席であった前述の**ジョセフ・ウィルソンが立ち上がったのです。後の報復を恐れずに行動を起こした、彼の人間としての誠実性、勇気に感心しました。自分を賭して立ち上がるのは何もロシア人に限ったことではありません。**

ウィルソンは2003年7月6日「ニューヨーク・タイムズ」紙に「What I Didn't Find in Africa（私がアフリカで発見しなかったもの）」という論評を発表しました。

この行動は、「ワシントンのドン」的存在だったチェイニー副大統領への挑戦状的存在でもありました。彼の主張を見てみます（訳は引用者、一部中略・要約）。

ブッシュ政権はイラク侵攻を正当化するためにサダム・フセインの兵器開発プログラムについての情報を捜査したか。

イラク戦争にいく数カ月間の経験に基づけば、**イラクの脅威を誇張するために、イラクの核開発計画に関する情報は歪められたと言わざるをえない。**

1976年から1998年までの23年間、私は外交官、かつ大使であった。1990年私はバグダッドでの臨時代理大使としてサダム・フセインと会った最後の米国外交官である。

アフリカでの経験がきっかけで、イラクの非通常兵器計画（核兵器）とアフリカの関連性が疑われる情報を検証する取り組みで、小さな役割を果すようになった。ニジェールに行った（調査した）いう匿名の元特使についてのニュースがあったが、それは誰か？　私だ。

2002年2月、私は**CIAの人々から、チェイニー副大統領の事務所が特定の報告書に関して疑問を抱いていると知らされた。**私はこの報告書を見たことがなかったが、

1990年代後半に、ニジェールがイラクにウラン・イエローケーキ（軽く加工された鉱石の一種）を売却することを文書化した協定覚書に関すると聞いた。

CIAの人々は、副大統領室に返答を提供できるよう、私に、〝ニジェールへ調査のために行ってくれないか〟と尋ねた。

2002年2月下旬、私はニジェールの首都ニアメに到着した。私は70年代半ばに外交官として、1990年代後半に国家安全保障会議のスタッフとして、この地を訪れていた。それから8日間、私は、現政府高官、元政府高官、この国のウラン事業関係者など数十人の人々と会った。**〝イエローケーキに関する取引が行われた〟というのは非常に疑わしい**と結論付けるまでに時間はかからなかった。

鉱山を運営していたコンソーシアムの構造を考慮すると、ニジェールがイラクにウランを移送することは極めて困難である。ニジェールのウラン事業は、ソメール鉱山とコミナック鉱山の2つで構成されている。フランス、スペイン、日本、ドイツ、ナイジェリアの権益が運営してる。政府が鉱山からウランを取り出したい場合は、コンソーシアムに通知する必要がある。コンソーシアムは国際原子力機関によって厳しく監視されている。さらに、この2つの鉱山は厳しく規制されている準政府機関であるため、ウランの販売には鉱山大臣、首相、そしておそらく大統領の承認が必要となる。

実際の覚書については、私は見ていない。しかしニュース報道では、文書には明らかな誤りがある。例えば、すでに政府を離れた役人によって署名されている。おそらく偽造されたものであると指摘されている。〝ニジェールが容疑を正式に否認した〟という事実がある。

3月初旬に私はワシントンに到着し、すぐにCIAに詳細な説明を行った。

2002年9月にニジェールが再浮上した。英国政府は、〝サダム・フセインとその型破りな武器が差し迫った危険をもたらす〟と主張する〝白書〟を発表した。その証拠として、報告書はイラクがアフリカの国からウランを購入しようとした試みをあげている。

そして1月、**ブッシュ大統領は英国の文書を引用し、アフリカからウランを購入しようとするイラクの努力について繰り返し非難した**。

翌日、私は国務省の友人に私のニジェール訪問をいま一度想起させた。

副大統領府は深刻な質問をした。私は答えをまとめるのを手伝ってほしいと頼まれた。私はそうした。そして私が提供した回答は政府内の適切な役人に回覧されたと確信している。

私の情報がイラクに関するある種の先入観に適合しないという理由で無視されたのであれば、我々は偽りの口実のもとに戦争を行ったという正当な主張が成り立つことになる。

3月の〝ミート・ザ・プレス〟出演で**チェイニー氏が、〝サダム・フセインが再び核兵器の製造を試みている〟と発言した**ことは記憶に値する。少なくとも、軍事力の行使を承認した議会及び大統領の命令に従った軍隊は、イラクに関する主張が正当であるかどうかを知りたいはずだ。

戦争という行為は、我が国の安全保障に重大な脅威がある場合にとられる民主主義国家の最後の選択肢である。イラクではすでに200人以上の米兵が命を落としている。私たちには彼らの犠牲が正しい理由で行われたことを保証する義務がある。

凄い文書です。**イラク戦争は、イラクが核兵器開発をしているという虚偽の理由で戦争したと糾弾しています**。「我々は偽りの口実のもとに戦争を行った」と主張しています。そしてこの文書は明確に、当時米国の政治で絶対的権力を誇っていたチェイニー副大統領を糾弾しているのです。

当時誰もがチェイニー副大統領がブッシュ大統領を操っているとみていました。

チェイニーは「ワシントン」のドンと皆がみていました。

チェイニーはニクソンがウォーターゲート事件により辞任した後はフォード政権で史上最年少の34歳で大統領首席補佐官となっています。1981年にはナンバー4の下院・政策委員長に就任しています。1989年には共和党の下院院内幹事に就任。1989年国防長官に就任しています。2001年1月副大統領となりましたが、飾りの副大統領ではなく、ブッシュ大

ディック・チェイニー副大統領

統領を操る副大統領です。

議会に精通し、大統領府がどう動くかに精通し、国防省がどう動くかに精通しています。ジョセフ・ウィルソンは、このチェイニー副大統領に公然と立ち向かっていったのです。

彼の文書の中にしばしばＣＩＡが出てきます。**彼は一部のＣＩＡの支持を得ていた**のだと思います。

情報機関は決して悪だけのために機能しているわけでありません。

チェイニー副大統領の報復

ジョセフ・ウィルソンはワシントンのドン、チェイニー副大統領に挑みました。当然、報復が予想されます。そして、それが起こりました。

２００３年７月14日、妻ヴァレリー・プレイムがＣＩＡの工作員であると、ジャーナリストに暴露されました（暴露したのはロバート・ノヴァク記者。ワシントン通ということで、一度朝食を一緒にしたことがあります）。

ジョセフ・ウィルソン（2018年）

ＣＩＡの工作員は名前が暴露されると工作員として活動できなくなります。その後、訴訟などの展開がありますが、この動向は映画『Fair Game』（２０１０年）にもなり、ウィルソンは一時寵児となります。

しかし、「もてはやし」で生活はできません。ウィルソンは１９９８年に外交官を退職した後、コンサルタント業を営んでいました。**ウィルソンの顧客になれば、「ワシントンのドン」的存在であるチェイニーに睨まれます**。ウィルソンは次第に経済的に困難な状況に追い込まれ、２０１９年、69歳の時、合併症によりサンタフェで死亡しました。

ちなみに、死の２年前の２０１７年には、ヴァレリーから離婚されています。離婚したヴァレリーは２０２０年、下院議員予備選挙に立候補しています（結果は敗退）。

米軍人やCIAを敵として描いたトルコ映画『イラク —狼の谷—』（2006年）

通常、スパイ映画は米国ＣＩＡや英国ＭＩ６のスパイが主人公です。彼らがソ連などの諜報員をやっつけます。

しかし、２００６年のトルコ映画『イラク —狼の谷—』は異なります。主人公はトルコの諜報員で、攻撃されるのは米軍兵士やＣＩＡのスパイたちです。

しばしば、ハリウッド映画はロシアやイスラム圏で上映禁止になります。この映画は逆です。『イラク —狼の谷—』があまりに人気のため、当時米軍はトルコに駐留する兵士たちに、この映画が上映されている劇場を避けるよう助言したと言います。

『イラク —狼の谷—』は、トルコ国内では同国映画史上最大の動員数を記録し、国民の15人に1人が観たほど大変な人気を獲得しました。アラブ諸国のレバノン、シリア、ヨルダン、イラク、クウェート、カタール、バーレーン、アラブ首長国連邦、オマーン、サウジアラビア、エジプト、リビア、イエーメンなどでも上映されました。

「イラク—狼の谷—」（2006年）©Everett Collection／アフロ

この作品は、イラク戦争後の米軍によるイラク占領支配を題材にした、反米主義と評されるアクション映画です。２００３年７月にイラク北部で米軍がトルコ兵たちを拘束したフード事件やアブグレイブ捕虜虐待事件など、米軍占領下のイラクやアフガニスタンで実際に起こった数々の事件を題材にしてつなぎ合わせ、トルコ人諜報員をヒーローにして脚色しています。

実はこの映画は日本でも上映されました。『キネマ旬報』は「イスラム諸国を席巻し、西欧社会で社会問題に、そしてアメリカでは鑑賞禁止になった問題作。イラク戦争の矛盾や不満を強烈にアピールする作品。視聴率40パーセントを記録したトルコの人気テレビシリーズから誕生した」と解説しています。

日本では東京・東銀座の映画館で上映されました。私も観に行きましたが、観客はほとんどいませんでした。

日本人は利巧だから、『007』は見ても、こういう危険な映画は見ないようです。

中国と西側情報機関の戦い

中国の経済が大きくなり、米国の超大国としての地位が脅かされるにつれ、西側情報機関と中国情報機関の攻防が激化していきます。

中国がソ連・ロシアの場合と異なる有利な点は、①資金量、②中国系移民です。

ソ連のKGB等は米国国内にソ連に共鳴するロシア移民をほとんど持たなかったのに対して、

中国は巨大な移民を米国内に有しています。中国系移民の全てが中国政府寄りではありませんが、相当の割合で中国支持です。

さらに資金的支援に関しては、例えば米国の極右サイト「ブライトバート・ニュース」は2022年2月「23人の元米国上院議員と下院議員が退任後、中国軍や諜報関連企業のためにロビー活動を行った」と実名入りで報じています。

一方、西側もやられっぱなしではありません。

2023年9月19日、NHKは「中国の秦剛前外相 駐米大使時代の不倫で解任か 米有力紙」と題して、次のように報じました。

中国の秦剛前外相が今年7月、就任から半年余りで突然、解任されたことをめぐり、アメリカの有力紙は、秦氏がアメリカで大使を務めていた際、不倫を続け、現地で子どもをもうけていたことが解任につながったとした上で、国家の安全について情報を漏らした可能性についても調査の焦点となっていると伝えました。

アメリカの有力紙、ウォール・ストリート・ジャーナルは19日、複数の関係者の話として、秦剛氏に対する中国共産党の内部調査の結果が先月、閣僚などに報告されたと伝えました。

それによりますと、秦氏がアメリカで大使を務めていた際に不倫を続け、アメリカで子どもをもうけたことがわかったということです。

2024年2月13日付「ニューズウイーク」誌は「中国大臣失脚は英国スパイと疑いをもたれている愛人と関連（Chinese Minister's Downfall Linked to Lover Who Was Suspected British Spy）」の標題で次を報じています（訳は引用者）。

月曜日の同紙で再報道されたこの元当局者の説明では、秦氏の失踪と不謹慎な解雇はクレムリンによる高レベルの警告に続いたものだと述べた。**モスクワは、秦氏の恋人で元国営メディア記者の傅暁天氏と、MI6として知られる英国秘密諜報機関とのつながりを発見していた。**

安倍晋三元首相の殺害問題

安倍氏は2022年7月8日11時31分頃、奈良県大和西大寺駅北口付近にて、選挙の応援演説中に銃撃され死亡しました。

日本では山上被告が殺害したということで、終止符が打たれています。それでいいのでしょうか。

この事件に関する私の「日刊ゲンダイ」の記事（2023年4月13日）を紹介します。

【安倍氏を銃殺したのは山上被告なのか】

ジョン・F・ケネディ米大統領の暗殺事件が起きたのは1963年11月22日である。当初、リー・ハーヴェイ・オズワルドの単独犯行とされたが、今日、多くの米国人は単独犯行とは考えていない。

映画監督のオリバー・ストーンは1991年、この事件を調査した地方検事の姿を主に描いた「JFK」を作成し、アカデミー賞で撮影賞と編集賞を受賞した。

ロバート・ケネディジュニアは2024年大統領に出馬したが、一貫してケネディ大統領は軍・CIAに殺害されたと主張している。

ケネディ暗殺事件を踏まえた上で、昨夏の参院選の応援演説中に銃撃され亡くなった安倍元首相の事件は今後の展開はどうなるのだろうか。

私はこれまで、東大名誉教授や自民党関係者、評論家、米国人などから直接あるいは仄聞で、安倍氏の殺害事件は山上被告の銃ではない可能性がある——と聞き、彼以外の可能性の有無を考察してきた。

近年、こうした作業でありがたいのは、疑念を持ってツイッターに呟やくと、不思議にすぐ関連情報が集まることだろう。

極めて重要だと思われる情報は、銃撃当日の治療に従事した奈良県立大附属病院での福島英賢教授の説明である。

彼は「頸部前の付け根付近で真ん中より少し右に2つの銃創があり、一つは左の肩から貫通して出たとみられる」と説明していた。

これを安倍氏と当時の山上被告の位置関係で考えてみる。

極めて単純な論である。

1発目は安倍氏が前を向いて演説しているから、当たっても後ろである。安倍氏は時計の反対周りで後ろを振り返っている。頸部前方の回転は90度以内である。山上被告の銃弾は角度からして安倍氏の頸部前の付け根付近には当たらない。

福島教授が説明した時の関心は、安倍氏の治療がどうだったか、いつ死亡したかであり、誰も犯行と結び付けて考えてはいない。

少なくとも福島教授の説明と銃撃事件の映像と合わせ考えれば、銃弾は前方ないし、右から撃たれている。つまり、山上氏（ママ）が安倍氏を銃撃するのは難しいと言わざるを得ない。

では仮に安倍氏を銃撃した人物が山上被告ではないのであれば、誰が殺害したのだろうか。

我が国は安倍氏の国葬まで行った。そして多くの人は山上被告を殺害犯と思っている。だが、万が一にも犯人が別にいるのであれば、世紀の滑稽譚となるであろう。

山上被告以外に犯人がいる可能性があるにもかかわらず、なぜ当局は解明する努力をしなかったのだろうか。私はいろいろと推測しているが、ここでは事実を記述することに徹したい。

日本のほとんどの人は安倍元殺害事件には多大な関心を持っています。そして、この事件の解明の鍵は、福島教授の説明です。不思議なことにこの福島教授の説明を新聞なり、ビデオで見た人はほとんどいません。将来探しても見つからない可能性が出てくると思いますので、ここに掲載します。

【記者会見の全容】安倍元総理が銃撃され死亡「搬送時点で心肺停止」「最終的には20人以上の態勢で処置」2022/07/11 19:30（MBSニュース、https://www.mbs.jp/news/feature/kansai/article/2022/07/089874.shtml）

7月8日、安倍晋三元総理が奈良市で銃撃されて死亡しました。安倍元総理が搬送されて手術にあたった奈良県立医科大学附属病院が、8日午後6時ごろから記者会見を開きました。

（福島英賢教授）

「それでは私、福島の方からお伝えさせていただきます。安倍晋三氏ですが、本日午後0時20分に搬送されまして、病院到着時に心肺停止状態。蘇生処置をいたしましたが、残念ながら午後5時3分にお亡くなりになられました。来られた際に**頸部2カ所銃創がありまして**、心臓および大血管の損傷による心肺停止と考えられます。当センターの方で大量輸血を行いましたけども、残念ながらというふうな結果になっております。以上です」

以下、回答は福島英賢教授

——首の傷は大きさやどのあたりとか具体的に教えてください

「場所はですね、真ん中のところと少し右の2カ所です。大きさは非常に小さい」

——銃で撃たれたということだが、傷の深さは？

「深さというのは心臓にまで到達する深さというふうに理解いただいたらと思います」

——搬送されてから死亡が確認されるまでの4時間半少しの間、どのような処置を具体的に行われていたのでしょうか？

「胸部の止血、それから大量の輸血、この2点です」

——量としてはどれぐらいの輸血をした？

「100単位以上です」

――弾は体内に残っていたのでしょうか？

「手術しているときに弾丸は確認できませんでした。その後はちょっとまだ、今後の経過でわかることがあるかもしれませんが、手術中にはわかっていません」

――報道等で2発発射されたということになっているが、このうちどちらが致命傷になったのか、２つ傷があるということですが？

「それはちょっとわかりかねます。わかっているのは銃創と思われる傷が2つあったということだけです」

――その傷によって出血してお亡くなりに？

「その傷が、先ほどお伝えしたように、胸部に心臓大血管にたどり着いたため、その**心臓大血管が損傷したため**に出血をされたということです」

――2発のところは胸部ですか？　頸部ですか？

「頸部です」

――頸部に2発？

「頸部に2つの銃創があったということです」

――心臓が損傷してたと？

「方向がそっち方向に向かっていたんだという」

――**体に2カ所銃創があり、心臓と胸部の大血管に損傷があったという言い方で間違いないでしょうか？**

「はい、その通りです」

――その頸部というのはどこら辺なのでしょうか？……首の右元？　なるほど。そこに2カ所と心臓部分というのはどういうことなのでしょう？

「この下はすぐ大血管になっていますので、心臓は割と近いところにありますから」

――手術の内容を簡単に説明していただければと

「基本的には出血するところを探しにいかないといけませんので、**大きく開胸**して、出血点を探しにいくという止血術という表現。蘇生的開胸術です」

――死亡につながった要因は、今回はどういうふうにお考えですか？

「失血死でいいと思います」

――**臓器の損傷、内部の損傷は激しかった？**

「心臓の傷自体は大きいものがありました」

――具体的にその傷というのはどういった形？

「たぶん、弾丸による心損傷、大きな穴ですね。心臓の壁に空いた穴です」

――他の銃創と比較して、今回は何か特徴がありますか？

「今回と比較してということは基本的にはしてませんし、銃創は基本的には入り口よりも大きな傷を作るものだというふうに理解していますので」

――貫通したような、反対側の傷はあった？

「1つだけ左の肩に別の傷があったので、おそらくそこが射出口と言われるところだったんじゃないかというふうに考えています」

――片方はそこから貫通したのではないかと思われる？

「はい」

――2つの傷はかなり近いところにあった？

「距離的には5センチメートルぐらい」

――今回撃たれた現場で即死したというふうに理解していいのでしょうか？

「撃たれた現場で心肺停止状態になったというふうな表現になるかと思います」

――**背後から銃撃を受けたという話があるが、傷は前側に付いていた？**

「はい、前頸部です。後ろに傷はありませんでした」

――2発とも前から入って、片方は左肩にというのは、左側の後ろということですか？

「前というのは場所が前であって、どういう方向で入ったのかは、横からかもしれません。

ただ、傷は前にあった」

――射出口とみられる傷は、後ろ側なんですか？

「左肩の前の方です」

――でもそうすると、もう横で通るように出るしかないという？

「そこはちょっとわからないですけど、そう思われる傷があったということです」

――心臓の壁を破ったと、大きな傷があったとの話だが、心臓を傷つけて左肩に抜けていったという感じ？

「肩に抜けたのはもしかすると2発目とか、あるいは別の銃弾だったかもしれません。そこはちょっとわからないです」

――心臓の傷はどの部分？

「心臓の心室ですね。心室の壁です」

――処置の規模感について、具体的に何人態勢でどのような状態で処置が行われたのか？

「人数はですね、途中途中で応援も入って、最終的には20人以上の態勢。始まったときも10人以上の態勢を組んでやっていました」

――心臓の心室という部分が出血していたということだが、どういう血管から入ってどのように抜けていったか今の時点でわかりますか？

「一直線で進みませんので、体の中であちこち動きますので、どうなるとかは正確にはちょっとわかりません」

――今のところは、入ってきた部分が頸部のどちらかの傷で、最終的におそらく心臓と肩口から1個ずつ出ていったように見られるということでよろしい?

「今のところそう考えていますが、また専門家が見られると違うかもしれません」

――確認だが、安倍元総理の首の前部に傷があり、首の後ろ側には傷はなくて、肩に射出口とみられる傷があった、こういう理解でよろしいですか?

「今の時点ではそういうふうに理解しています」

――頸部ということは弾は鎖骨の上から入ったということ?

「高さは鎖骨よりは上ですね。鎖骨には(損傷は)なかったと思います」

もし、安倍元首相を殺したのは山上被告の銃弾でないとしたら、誰が殺したのでしょうか。すでに紹介した『ジャッカルの日』で、ジャッカルがド・ゴール大統領に照準を合わせているシーンがあります。ここでジャッカルは「130メートルの射程距離で静止している目標を狙って失敗は一度もない」と自らに語っています。

『ジャッカルの日』が書かれたのは1971年です。

それから50年以上経ちました。ライフルなどは一段と進化しているでしょう。

この話をXで発信したら、「昔自衛隊レンジャー部隊にいた人間に聞いた話ですが、**500メートル離れた30センチの的は外さない**と言っていました」とXでリツイートが返ってきました。しっかりした武器と、訓練された銃撃手なら殺害は容易です。もちろん精度の高い武器もなく、訓練を得ていない人間では困難です。

そして130メートルの射程距離で撃つとなると、奈良県大和西大寺駅 北口付近には、安倍氏がいた前方にはいくつかの格好のビルがあります。

山上被告が撃つ。音と煙で人々は山上被告の後ろに関心を集中させる。『ジャッカルの日』で、ジャッカルが最大の関心を持つのはド・ゴール大統領を銃殺した後、いかに捕まえられずに現場から逃亡するかです。

これが実行プログラムでの最も難しい点です。もし安倍氏殺害の実行犯が山上被告ではなく、別の人間であったとするならば、**見事にその役を山上被告が果たしてくれた**ことになります。

重光葵の死を考える

戦後、日本外交、特に米国との外交では様々な政治家が関与してきました。

こうした中で、最大の功績をあげてきたのは重光葵《しげみつまもる》でしょう。**もし重光葵がいなかったとすれば、今日の日本は様変わりしていた**と思います。

出発点は降伏文書です。

広島、長崎に原爆を投下され、ポツダム宣言を受諾しなければ、米国はさらに他の都市に原爆を投下してきたでしょう。

1945年9月2日、日本は米国軍艦「ミズーリ」号で降伏文書に署名しました。降伏文書には、日本国代表として重光葵外相、日本軍を代表して梅津美治郎参謀総長が署名しました。

降伏文書では「下名ハ茲ニ一切ノ官庁、陸軍及海軍ノ職員ニ対シ**聯合国最高司令官ガ**本降伏実施ノ為適当ナリト認メテ自ラ発シ又ハ其ノ委任ニ基キ**発セシムル一切ノ布告、命令及指示ヲ遵守シ且之ヲ施行スベキコトヲ命ジ**並ニ右職員ガ聯合国最高司令官ニ依リ又ハ其ノ委任ニ基キ特ニ任務ヲ解カレザル限リ各自ノ地位ニ留リ且引続キ各自ノ非戦闘的任務ヲ行フコトヲ命ズ」とあります。

重光がその時の心境を次の句で表しています。

神国の　栄え行くなる一里塚　ならぬ堪忍する日の来りぬ

願わくば、御国の末の栄え行き　我名さげすむ人の多きを

日本政府は連合国最高司令官の指示を全て実施する義務を負いました。

早速、米国は日本を大きく変える動きを示します。

9月2日午後4時、参謀次長マーシャル少将が鈴木公使に自分のところに来るよう求めます。ここでマーシャル少将は次の命令を鈴木公使に述べます。

「実は明朝10時に三カ条の布告を交付する予定だ。非公式にテキストを事前に渡すので、公表の手続きを至急とるように」

重光葵

この三布告には次の内容がありました。

布告第一：日本全域の住民は、連合国最高司令官の軍事管理のもとにおく。行政、立法、司法のいっさいの機能は最高司令官の権力のもとに行使される。英語を公用語とする。

布告第二：米側に対する違反は米国の軍事裁判で処罰する。

布告第三：米国軍票を法定通貨とする。

つまり公文書は英語で、お金はドルで、裁判は軍事裁判というものです。

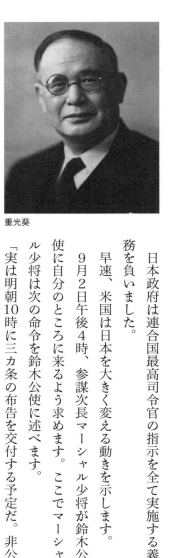

重光は必死にこれを跳ね返します。**彼が頑張らなければ日本は英語社会になっていました。**

いま一つの功績は米軍基地です。

重光が外務大臣兼副総理として活躍した鳩山一郎内閣の時代（１９５４年12月～１９５６年12月）を見てみましょう。

１９５５年7月、重光外務大臣はアリソン駐日大使と会談して、米軍撤退についての具体的な要請をしています。

１９５５年7月21日、アリソン大使はダレス長官に機密あつかいの電報を送り、重光から私的かつ非公式なレベルで安保改訂についての具体的な提案が出されたことを報告した。重光の提案した内容は、このアリソン電報と提案を要約してその利点と問題点を説明した国務省内のメモによって知ることができる。

①米国地上軍を六年以内に撤退させるための過渡的諸取り決め

（米側コメント：緊急時に米軍を送り戻す権利を維持すること）

②米国海空軍の撤退時期についての相互的取り決め、ただし、遅くとも地上軍の撤退完了から六年以内

（米側コメント：一般的に米国海空軍は日本に無期限に維持されることになるだろうと考えられてきた。われわれは日本側の提案に合わせるよりもかなり有利な取り決めを手

に入れたいところである）

③日本国内の米軍基地と米軍は、ＮＡＴＯ諸国と結んでいる諸取り決めと同様な取り決めのもとで、相互防衛のためだけに使用されること

（米側コメント：基地使用の明示的な制限はあきらかに好ましくない）

④在日米軍支援のための防衛分担金は今後廃止する。

重光外相は、米国地上軍を六年以内、米国海空軍を米国地上軍の撤退から六年以内、合計十二年内に米軍の完全撤退を提言している。

（坂元一哉『重光訪米と安保改定構想の挫折』）

砂川事件、内灘事件と日本各地で抵抗運動が続きました。これらもあって、地上軍は去りました。しかし、同時に重光外相の貢献もあります。

鳩山（一郎）政権は１９５６年12月23日に終わります。

重光葵（鳩山政権の外相）は１９５７年１月26日に69歳で死亡しました。死没地は神奈川県湯河原町です。湯河原で死亡したこともあってか、当時の新聞を見ても、死亡の報道はなかなか見つかりません。

これについて菅沼光弘氏は『日本核武装試論』（２０２３年６月３日発刊）で次の通り述べています。ちなみに菅沼氏は、この本の発刊前、２０２２年12月30日に死亡しています。

「重光はアメリカに睨まれて失脚し政界を後にしました。１９５７年１月狭心症の発作で亡くなるのですが、その死因は謎も多く、永田町界隈では、腹上死説が流れるほどでした」

解任後、わずか１カ月での死亡です。体調がすぐれなければ湯河原に行かなかったでしょう。「腹上死」と言われていたということは、多くの人にとって、**「重光氏が体調を悪くしている」という認識がなかった**ということでしょう。

少なくとも通常の死に方ではありません。

だったら何故当時死因を探求しなかったのでしょうか。

重光葵は不審な死に方をしました。

驚くことに、重光葵の娘が夫と共にホテルオオクラで拳銃自殺をしています（事件の詳細は寺尾文孝著『闇の盾　政界・警察・芸能界の守り神と呼ばれた男』（講談社、２０２１年）をご覧ください）。

日本人が拳銃で自殺するでしょうか。

ル・カレ著『ナイロビの蜂』

『ナイロビの蜂』は２００１年のル・カレの作品です。

ル・カレ自身、２００１年からも数多くのスパイ小説を発表してきました。２０１９年には『スパイはいまも謀略の地に（Agent Running in the Field)』が刊行されています。

その中で、何故『ナイロビの蜂』を最後に取り上げるのか。

『ナイロビの蜂』は映画化もされました。だからある程度の人気はあります。ル・カレの作品のベスト5に入るか入らないかのギリギリの作品です。しかし、ル・カレの作品の中では、スパイという世界における「あるべき生き方」を最も鮮明に描いた小説だと思います。

『ナイロビの蜂』（2005 年）©Everett Collection ／アフロ

スパイは「反モラル」「非合法」を行います。誘惑、贈収賄、裏切り、殺人があります。その中で、「どこまで妥協し、どこまで個人の尊厳を貫けるか」がル・

カレのテーマです。

『ナイロビの蜂』の概略は次のようなものです。

●ケニアに赴任していた英国外交官ジャスティン・クエールの妻、テッサが荒涼とした地域を旅行中に殺害された。

●当時テッサは黒人の医師と旅行中であり、二人は不倫関係にあったと噂される。

●外交官クエールは真相の追求を行う。

●クエールは、妻テッサがアフリカでの医療実験に関わる企業スキャンダルを暴いたことを知る。エイズ検査と治療を隠れ蓑に活動する大手製薬会社ＫＶＨは、重篤な副作用のある結核薬の試験を行っている。

●テッサは、ケニアやアフリカのその他の場所での製薬会社の活動に関する報告書を英国政府に送っていた。クエールは「英国政府はこれらを隠蔽《いんぺい》していた」ことを知る。

●クエールは真相を追っかけ、妻が殺害された場所を訪れる。何かがそれを待ち構えていた。

●他方、隠蔽に関与した人は、外務省内での昇進や、退職後重役のポストが与えられた。

ジョン・ル・カレはこの本の「あとがき」で、**「現実に比べれば、私の物語はホリデー・ポストカー**

ドと同じくらいおとなしいものである」と書いています。

私たちは政府が機能するのを期待しています。

今日、果たしてそれが機能しているのでしょうか。

ル・カレを含め、「機能しているのが常態である」と思える時代はごく近くまで存在していたように思えます。

だから「異常な事態」を縦断する力が出てきたのだと思います。

しかし、「『機能しないのが常態である」となると私たちはどうしたらいいのでしょうか。

妻テッサがクエールと知り合うのはクエールが行った講演の場です。講演終了後の質問の時間にテッサはクエールに問います。

「国家を倒さなければならないと感じる状況はありますか」

Zの動向

ZはMI6を引退しました。最終的に副長官にまで昇格しました。

Zは、MI6で、前述のキム・フィルビー等「ケンブリッジ・ファイブ」が対ソ連諜報を牛《ぎゅう》耳《じ》った後の世代の対ソ連諜報の中心人物になるべき人間でした。

しかし、大使が自分のロシア人との愛人関係の発覚を恐れて彼のモスクワ大使館勤務を阻止しました。語学能力不足という口実だったので、その後「ドサ回り」を余儀なくされました。ところが、大使がロシア人女性と関係を持ったこと、そして脅迫されたことを告白しました。この事実が広く共有され、Zは名誉を回復しました。

その後ZはCIAとの調整役「ワシントン支局長」を経て、MI6副長官になりました。

退官後は三度ばかり日本に立ち寄りました。一度は狭い我が家のアパートに泊まってもらいました。私は金がなかったので「日本の一般会社員が一杯やる所だから是非見た方がいい」とか適当に言って近くの居酒屋チェーン「さくら水産」に連れて行きました。

また、別の時は、乗り換えで時間の余裕があるというので、成田まで出かけて寿司屋に入りました。その時はX夫人も一緒でした。成田での寿司はネタが大きく、「こんな生魚を夫人が食べて気持ち悪くならないか」と心配しました。

数年前、X夫人は亡くなりました。

私は亡くなるとしたらZの方が先だろうと思っていただけにびっくりしました。X夫人はZに、「孫崎はいいやつだ」と言っていたそうです。

ひょんなことから、X夫人が結婚前MI6のアジア太平洋地域で勤務し、凄腕だったということを知りました。結婚してMI6の前線から引退した後は、準公的な重要なポストについていたようです。

私がZと夢中になって話している時もX夫人は横にいました。

しかし、何十年も私はX夫人がMI6の人間だったことも、凄腕だったことも、そして観察されていることにも気づきませんでした。

所詮、私は「スパイ」の世界の外の人間です。

著者　孫《まご》崎《さき》享《うける》

1943年、旧満州生まれ。

東京大学法学部を中退後、外務省に入省。英国、ソ連、イラク、カナダに駐在。駐ウズベキスタン大使、国際情報局局長、駐イラン大使、防衛大学校教授。この間公共政策学科長、人文社会科学群長を歴任。現在、東アジア共同体研究所所長。

主な主著に『戦後史の正体』[22万部のベストセラー。創元社]、『日本外交現場からの証言』[山本七平賞受賞。中公新書]、『日米同盟の正体』[講談社現代新書]、『日米開戦の正体』『朝鮮戦争の正体』[祥伝社]、『アメリカに潰された政治家たち』[河出書房新社]、『平和を創る道の探求』[かもがわ出版]など著者多数。

私《わたし》とスパイの物《もの》語《がたり》

著者　孫崎享

2025年2月10日　初版発行

編集協力　吉田渉吾
校　正　大熊真一（ロスタイム）
編　集　川本悟史（ワニブックス）

発行者　髙橋明男
発行所　株式会社ワニブックス
〒150-8482
東京都渋谷区恵比寿4-4-9 えびす大黒ビル
ワニブックスHP　http://www.wani.co.jp/

お問い合わせはメールで受け付けております。
HPより「お問い合わせ」へお進みください。
※内容によりましてはお答えできない場合がございます。

印刷所　株式会社 光邦
ＤＴＰ　アクアスピリット
製本所　ナショナル製本

ISBN 978-4-8470-7515-5